살아 있는
철학 이야기

10대가 묻고 18명의 철학자가 답하는

살아 있는 철학 이야기

왕팡 지음 | 곽선미 옮김
강성률 감수

글담출판

18명의 철학자들과 함께
살아 있는 수업 속으로

『살아 있는 철학 이야기』를 손에 든 분이라면 철학에 관심이 어느 정도 있는 분이라고 생각합니다. 철학은 확실히 심오하지만, 이해하기 어려운 학문이 아닙니다. 저도 한때 철학이 어렵다고 오해한 적이 있습니다. 그러나 막상 접한 다음부터는 그 매력에 흠뻑 빠졌습니다. 철학은 신비한 색채와 몽롱한 지혜의 빛으로 다가와 사람을 끌어당기는 묘한 매력이 있었습니다. 과학이 엄격함의 대명사라면, 철학은 지혜의 집합체라고 할 수 있습니다. 철학은 마음으로 생각하는 지혜이며 세계를 느끼는 통로입니다.

이 책에서 저는 오묘한 철학의 세계에 더 친밀하게 다가가기 위해 각기 다른 시대의 위대한 철학자들을 강단으로 초대했습니다. 철학자들은 이해하기 쉬운 언어로 그들 삶의 유산인 지혜에 대해 이야기합니다. 수업 속 학생들의 질문과 철학자의 대답을 통해 철학의 원리와 현대사회를 미묘하게 연결해 평소 철학을 접할 기회가 없던 독자들도 쉽게 그 이치를 이해할 수 있습니다.

모두 18번으로 이루어지는 신비한 철학 수업은 우리 현실의 삶과 일, 소통에 관계된 다양한 문제들을 다룹니다. 이 책은 인생의 의미, 행복의 방향, 일과 무력감, 자유에 대한 갈망, 정의 추구, 연인 간 집착, 사랑과 결혼, 등 청소년이라면 한 번쯤 맞닥뜨릴 수 있는 생활 속 고민들을 해결하고 사회적 갈등을 해소하는 데에 도움이 되리라 생각합니다. 철학에는 '이것 아니면 저것'이라는 절대적인 답이 없습니다. 같은 이론을 두고 철학자마다 다른 견해로 서로를 비난하고 대립할 수도 있습니다. 철학은 끊임없는 연구와 논쟁을 통해 더욱 정교하게 변화되어 왔습니다. 따라서 여러분도 이 책을 읽을 때 수동적으로 받아들이지 말고 적극적으로 참여해보세요. 신비한 철학 수업에 몰입해 스스로 질문도 던져보고 생각에도 빠지다 보면 우리 각자가 기대하는 '철학서'로서의 목적을 달성할 수 있습니다.

이 책은 자칫 고리타분하게 느껴질 수 있는 내용을 만회하기 위해 철학의 원리를 마치 소설처럼 재미있게 읽을 수 있도록 정리해 입혔습니다. 원하는 정답을 정확히 찾지 못할 수도 있지만, 색다른 체험과 환상적인 수업을 통해 자신만의 답을 찾아갈 수는 있습니다. 이제 더 이상 막막할 일도, 당황할 필요도 없습니다. 철학이 어렵다고요? 뭘 망설이시나요? 어서 18명의 철학 선생님과 함께 신비한 만남을 준비하세요!

'지혜와 생각'을 담은 그릇, 철학

사람들은 왜 '철학'이 어렵다고 느끼는 걸까요? 사실 철학처럼 쉽고 재미있고 유익한 학문도 없습니다. 철학은 인간이라면 누구나 원천적으로 궁금증을 갖고 있는 문제에 대해 답해주기 때문입니다. 가령 우리 인간은 어디에서 왔으며, 어떻게 살아야 하며, 또 죽어서는 어디로 가는 건지, 이 세상은 맨 처음 어떤 모양이었으며, 어떻게 해서 지금의 모습이 되었는지 대해답을 찾아가는 학문이 바로 철학입니다.

본래 철학이라는 용어 'philosophy'는 'philos'와 'sophos'의 합성어로서, 지혜를 사랑한다는 의미입니다. 이 세상의 온갖 잡다한 지식이 아니라 인간과 세계에 대한 지혜, 통찰력을 얻는 것이 철학의 본질입니다. 그것은 어떤 결과가 아니라 하나의 과정이며, 우리 인간이 숨 쉬고 살아가면서 끊임없이 추구해야 할 구도求道와도 같습니다. 인간은 여러 가지 다양한 면을 갖고 있기에, 철학 역시 인생의 전반적인 문제를 아우릅니다. 그러므로 그 안에는 우주론, 인식론, 교육론, 형이상학, 자연학, 윤리학, 정치학, 종교학 등 모든 분야가 총망라되어 있습니다.

『살아 있는 철학 이야기』는 이러한 철학의 근본정신을 잘 반영하고 있을 뿐만 아니라 더 나아가 매우 재미있고 친근한 방법으로 문제에 접근해갑니다. 이제는 고인이 된 위대한 철학자 18명을 생전의 모습 그대로 불러내어, 현재를 살아가는 학생들과 조우하게 했습니다. 그것이 꾸며낸 이야기라 할지라도 독자들은 지금까지 접해보지 못했던 새로운 방식에 신선한 충격을 받을 것입니다. 이 책에서는 역사적으로 이름을 남긴 대철학자와 지적 호기심에 목말라 하는 탐구심 많은 학생들이 직접 대화를 나눕니다. 대철학자와의 대화는 안개처럼 희미하고 모호했던 문제들을 밝은 태양이 환히 비추듯 매우 선명하게, 아주 또렷하게 맘속에 각인시키는 경험을 선사합니다.

더욱이 대철학자들은 자신의 거창한 이론을 일방적으로 강론하기보다 일상에서 접할 수 있는 문제들, 즉 우리 자신의 삶과 일, 소통, 사랑, 결혼, 자유, 정의 등의 주제를 녹여 이해하기 쉽게 이야기 형식으로 풀어갑니다. 철학을 전공하지 않은 사람이라도 관심과 흥미를 느낄 만한 주제들을 대철학자들의 입을 빌려 들려주는 것입니다.

아울러 절대로 성급한 답변이나 조급한 판단을 요구하지 않습니다. 철학에는 고정적인 해답, 누구나 따라야 할 도그마^{dogma}가 없습니다. 이 책의 저자는 분명 철학이 부단한 연구와 치열한 논쟁을 통해 완성되어간다는 점을 틀림없이 깨닫고 있습니다. 어느 누구나 철학할 자격이 있되, 어떤 누구에게도 철학을 강요할 수 없다는 사실을 저자는 은연중에 우리에게 교훈하고 있습니다. 이것은 단지 저자만이 아니라 대철학자들의 뜻이기도 합니다.

모두 잘 알다시피 우리 사회는 철학적인 대화나 담론에 매우 취약합니다. 철학적인 물음을 던지고 혼자 고민하면 "쓸데없는 시간 낭비 말고, 공부나 하라."며 핀잔받기 일쑤입니다. 그러나 왜 그것이 쓸데없는 낭비인가요? 살고 죽는 문제가, 인생의 의미를 묻는 일이 과연 부질없는 짓일까요? 아닙니다. 이 세상에 이것보다 더 중요한 문제는 없습니다. 그럼에도 불구하고 우리 사회는 사색을 허용하지 않습니다. 멀리 앞을 내다볼 수 있는 시간을 허락하지 않습니다. 슬프지만 이런 사회에서는 돈과 지위와 권세를 향해 달려드는, 성숙하지 못한 군상들이 쏟아져 나올 수밖에 없습니다. 하나의 생명이 우주보다 더 무겁다는 사실을 깨닫지 못하는 덜 익은 인격들이 배출될 수밖에 없습니다.

프랑스의 '바칼로레아'는 우리의 수능 논술처럼, 대학 진학을 위해 꼭 거쳐야 할 관문입니다. 이 가운데 네 시간 동안 논문의 형태로 작성해야 하는 철학 시험 논제는 프랑스의 지성을 가늠하는 잣대로 인식되고 있습니다. 이 문항 자체가 사회적 이슈가 되어 시험이 끝난 후에는 각 언론매체나 사회단체들이 유명인사와 일반시민을 모아놓고 각종 토론회를 열 정도로 국민적 관심사가 되곤 합니다. 이처럼 철학 문제가 하나의 사회담론이 되어 일상적으로 주고받는 풍토가 조성되면 좋겠지만, 우리는 심지어 대학에서조차 담론에 서툽니다. 최근 들어 인문학 분야에서 붐이 일고 있지만 아직 갈 길이 멉니다. 철학이 대학생이나 식자층만이 생각하는 문제가 아니라, 모든 사람들이 편하게 이야기하고 생각을 나눌 수 있을 때 우리 사회는 좀 더 성숙해질 수 있습니다. 이를 위해서는 우선 쉽게 이야기할 수 있고 재미있게 접할 수 있는 책의 역할이 중요합니다. 텔레비전이나 인터넷과 같은 매체도 훌륭하지만, 철학의 본질인 지혜와 생각을 담아 전해주는 그릇으로 는 잘 정리된 책이 제격입니다.

가볍게 소장하며 들고 다니면서 읽을 수 있는 철학책이 많이 부족한 것 이 사실입니다. 이러한 때에 이 책은 이 시대의 요구에, 그리고 철학으로 갈 증을 해소하려는 많은 분들의 기대에 충실히 부응해줄 것으로 기대해 마지 않습니다.

광주교대 윤리교육과 교수 강성률

이 책에서 수업하는
철학자들

· **소크라테스** (BC469?~BC399) 플라톤 · 아리스토텔레스와 함께 '고대 그리스 3대 현인'으로 불립니다. 서양 철학의 창시자이며, 후대로부터 '서양의 공자'라는 평가를 받습니다. 인간의 문제를 철학 연구의 핵심으로 보고, 인간 본성에 대해 연구했던 철학자입니다. 생전에 어떠한 저서도 남기지 않았지만, 동시대를 살던 플라톤이나 크세노폰 등이 남긴 저서를 통해 그의 사상과 철학을 엿볼 수 있습니다.

· **플라톤** (BC427?~BC347?) 고대 그리스의 철학자로, 소크라테스의 제자이자 아리스토텔레스의 스승입니다. 그는 철학뿐만 아니라 문화에도 지대한 영향을 미친 사상가입니다. 고향 아테네에서 '아카데메이아'라는 플라톤 아카데미를 세워 학생들을 가르치기도 했습니다. 그가 남긴 저작들은 대부분 대화체로 구성되어 있으며, 특히 『대화록』『국가』『소크라테스의 변명』 등이 유명합니다.

· **임마누엘 칸트** (1724~1804) 근대를 대표하는 철학자로, 독일 고전철학의 창시자입니다. 동프로이센의 수도 쾨니히스베르크(오늘날 러시아 칼리닌그라드)에서 태어나 평생 집에서 80킬로미터 이상 떨어진 곳을 다닌 적이 없다고 합니다. 칸트는 유럽에서 가장 영향력을 끼친 사상가 중 하나로, 계몽운동을 지지한 '마지막 위대한 철학자'라 칭송받는 인물입니다.

· **게오르크 헤겔**(1770~1831) 독일 관념론의 대표적인 철학자로, 철학을 체계화한 최초의 인물이며 '변증법'을 완성한 대가입니다. 베를린대학교 총장에 취임했을 당시 '프로이센 개혁'에 크게 공헌했습니다. 그의 철학 체계는 크게 논리학·자연철학·정신철학으로 나눌 수 있는데, 『정신현상학』『논리학』『법철학』 등 주요 저서에 그 사상들이 잘 드러나 있습니다.

· **아리스토텔레스** (BC384~BC322) 고대 그리스의 철학자로, 중세의 스콜라 철학을 비롯해 후세 학문에 큰 영향을 끼친 '논리학'의 아버지입니다. 그는 스승 플라톤을 매우 존경했지만 여러 관점에서 플라톤과 각을 세우기도 했습니다. 사후에는 소요학파라 불렸는데, 아리스토텔레스가 자신이 세운 학원 안의 나무 사이를 산책하며 제자들을 가르치는 일을 즐겼다 해서 붙인 이름입니다.

· **마르틴 하이데거** (1889~1976) 독일의 현대 철학자로, 10세기 실존주의 철학의 창시자입니다. 키르케고르의 존재철학과 후설의 현상학으로부터 영향을 받아 실존주의 철학의 근본 개념인 '기초 존재론'을 창시하고 존재 자체의 의미를 연구하기 시작했습니다. 프라이부르크대학교의 총장으로 지냈으나 제2차 세계대전이 끝난 후 강제로 물러난 적이 있습니다.

· **아르투르 쇼펜하우어** (1788~1860) 칸트의 학설을 주로 계승한 독일의 철학자로, '세계는 나의 표상이자 의지'라고 했습니다. 그는 '세계는 기본적으로 고통스러운 곳'이기 때문에 의지를 부정하고 포기해야 한다고 역설했습니다. 여기에서의 의지는 우리가 현재 이해하는 것과 다른, 맹목적이고 억제할 수 없는 충동을 말합니다. 그의 염세주의적 관점은 훗날 니체에게 큰 영향을 미칩니다.

· **장 폴 사르트르** (1905~1980) 20세기를 대표하는 프랑스의 철학자이자 소설가입니다. 열아홉 살이 되던 해에 제2차 세계대전에 참전하고 나서는 프랑스 반파시즘 운동에 참여하기도 했습니다. 그는 잡지 「현대」를 창간하면서 무신론적 실존주의를 논했고 문단에서 문학과 사상계의 거장으로 활동했습니다. 1964년 『말』을 출판해 노벨문학상 수상자로 선정됐으나 노벨위원회의 평가 기준 등을 인정할 수 없다는 이유로 수상을 거부했습니다.

· **한나 아렌트** (1906~1975) 독일 태생의 미국 현대 정치사상가로, 제2차 세계대전 때에 나치의 핍박을 피하기 위해 미국으로 망명한 철학자입니다. 하이데거와 야스퍼스의 제자로서 영향을 많이 받았으며, 1959년에는 미국의 프린스턴대학교가 임명한 최초의 여성 정교수가 되었습니다. 그는 근대의 인간이 '진정한 삶'을 꿈꾸기를 잊고 스스로 만든 괴물의 노예로 살아가고 있다고 비판했습니다.

· **프리드리히 니체** (1844~1900) 독일 현대 철학의 선구자이며, 뛰어난 시인입니다. 25세에 바젤대학교 교수로 위촉되었으며, 이후 학교를 떠나서는 글쓰기에 전념했습니다. 죽기 전 마지막 10년간 정신병원에 여러 차례 입원했다가 가족들의 보살핌 속에서 세상을 떠났습니다. 그는 신을 맹신하는 세태에 대해 맹렬히 비판하며, 인간의 권력의지와 초인 사상을 주장했습니다. 『차라투스트라는 이렇게 말했다』는 그가 생전 이정표로 삼았던 저서입니다.

· **존 로크** (1632~1704) 영국의 철학자이자 정치사상가로, 계몽철학과 경험주의의 창시자입니다. 그는 헌정민주를 전반적으로 논술한 최초의 인물입니다. 그는 사회계약론을 체계화했으며, 그의 이론은 미국 독립선언문과 프랑스 인권선언문에도 반영될 정도로 훗날 민주주의의 형성과 발전에 깊은 영향을 미쳤습니다. 주요 저서로 『인간지성론』 등이 있습니다.

· **르네 데카르트** (1596~1650) '근대 철학의 아버지'라 불리는 프랑스의 대표 철학자로, 현대 철학 사상의 창시자이자 근대 합리주의의 개척자입니다. 또한 현대 수학 발전에 큰 공헌을 한 수학자로서, 기하학 좌표 체계를 공식화해 '해석기하학의 아버지'라 불리기도 합니다. 그는 '보편적 의심'을 특히 강조하며, "나는 생각한다. 고로 존재한다."라는 위대한 명언을 남겼습니다.

· **존 롤스** (1921~2002) 20세기를 빛낸 미국의 사회철학자이자 윤리학자로, 프린스턴대학교에서 철학박사 학위를 받은 후 하버드대학교에서 철학교수를 지냈습니다. 공정한 사회의 건설을 위해 그는 '정의'의 개념을 연구해 공리주의의 취약점을 보완한 정의론을 정립했습니다. 『정의론』은 공정한 사회를 이룩하기 위한 하나의 체계적이고 규범적인 이론을 제시해 큰 반향을 일으킨 저서입니다.

· **에마뉘엘 레비나스** (1906~1995) 리투아니아에서 태어나 독일 철학을 공부했고, 유대인
이라는 신분 때문에 제2차 세계대전이 발발하자 포로수용소로 끌려갔다가 기적적으로
살아난 프랑스의 현대 철학자입니다. 독일 프라이부르크대학교에 머물 때 현상학의 대표
자인 후설과 하이데거에게 지도를 받았습니다. 후설과 사르트르가 '의식'에, 하이데거가
'존재'에 몰두하며 현상학을 발전시켰다면, 레비나스는 '타자'라는 개념을 현상학의 중심
에 끌어들인 철학자입니다.

· **에드문트 후설** (1859~1938) 20세기 독일 현상학의 창시자입니다. 본래 수학과 물리학
을 전공했는데, 철학자이자 심리학자인 프란츠 브렌타노의 영향을 받아 철학을 연구했
습니다. 할레, 괴팅겐, 프라이부르크대학교 등에서 교수를 역임했고, 1938년 병으로 눈
을 감기 전까지 매일같이 10시간씩 책상 앞에서 집필에 전념했습니다. 『후설 전집』 등
일부 저서는 지금까지도 편집, 출판이 계속되고 있습니다.

· **앙리 베르그송** (1859~1941) 1927년 노벨상을 수상한 프랑스의 관념론 철학자입니다. 아
름다운 필치, 흡입력 있는 사상, 웃음의 철학, 생명 · 창조 · 진화 등의 고전적 저술로 유
명합니다. 그는 분석적인 지성이 아닌, 구체적으로 삶을 체험하는 '직관'과 본능을 따르
는 '생의 철학'을 주장했습니다. 『창조적 진화』 『시간과 자유』 『웃음』 등을 저술했습니다.

· **쇠렌 키르케고르** (1813~1855) 덴마크의 철학자이자 신학자이며, 비이성주의 사조를 대
표하는 작가입니다. 실존주의 이론의 중요한 근거를 제공해 '실존주의의 아버지'라고 불
립니다. 그는 헤겔의 범논리주의에 반대했으며, 철학은 객관적 실존이 아니라 개인적
실존에 관한 탐구라 여겼습니다. 또한 철학은 개인에서 시작해 신으로 끝나며, 인생은
천로역정과 같은 고난의 길이라고 주장했습니다. 『이것이냐 저것이냐』 『죽음에 이르는
병』 등을 발표했습니다.

· **루트비히 포이어바흐** (1804~1872) 헤겔 밑에서 철학을 공부하기 위해 부모의 반대를
무릅쓰고 베를린으로 건너갔던 19세기 독일의 철학자입니다. 어릴 때부터 헤겔의 철학
에 흥미를 보이며 '청년 헤겔학파'로서 활동했습니다. 생전 그는 헤겔 철학의 '소외' 구조
에 대해 알렸고, 이후 마르크스와 엥겔스에게 비판적으로 계승되어 철학사에 깊은 영향
을 끼쳤습니다.

차례

소크라테스 선생님,
왜 사람들은 행복하지 않을까요??

▶▶ **소크라테스가 대답해주는 '자기' 이야기**

여러분은
행복하십니까?

 행복하냐고요? 전 부모님도 모두 건강하시고, 집안 형편도 넉넉하고 절 사랑해주는 여자친구도 있어요. 학교 선생님께 칭찬을 듣기도 하니까 나름 괜찮고 즐거운 인생 아닐까요?

 즐거움과 행복은 달라요. 다시 물을게요. 행복한가요?

 음, 그러니까…….

 ▶▶ **생각해보기** ◀◀

우리는 왜 행복하느냐는 질문에
바로 대답하지 못하는 걸까?

"이봐, 거기 학생! 입구에서 뭐 하는 거지? 곧 수업 시작이야. 어서 자리로 가서 앉으라고!"

가는 곱슬머리에 투박한 구레나룻, 툭 튀어나온 눈, 둥그런 들창코를 가진 노인이 연아에게 주의를 주었다. 연아가 미처 "죄송합니다."라는 대답을 하기도 전에 노인은 교실 안으로 쑥 들어가 버렸다. 진지한 표정으로 앉아 있는 학생들이 강단에 꼿꼿이 선 사람을 올려다보았다. 연아도 수업에 방해되지 않도록 살금살금 몸을 숙이고 다섯 번째 줄에 조용히 앉았다.

"안녕하세요, 첫 번째 철학 수업을 맡은 소크라테스입니다. 여러분은 저를 강의를 진행하는 선생님이 아닌 함께 공부하는 친구처럼 편하게 생각하시면 됩니다. 제 수업 방식이 좀 독특할지도 모릅니다. 앞으로 질문을 자주 던질 텐데, 적극적으로 참여해주세요."

'뭐라고? 저분이 소크라테스?'

연아는 너무 놀라서 자기 허벅지를 꽉 꼬집었다.

'아야! 꿈이 아니잖아?'

믿을 수 없었다. 기원전 사람을 눈앞에서 직접 보다니! 어안이 벙벙했다. 충격 그 자체였다. 두 눈을 끔뻑이며 주위를 두리번거리던 연아는 평온해 보이는 사람들의 표정에 다시 한 번 놀랐다. 그들은 철학자 소크라테스의 등장이 아무렇지 않은 듯 전혀 동요하지 않고 있었다. 마치 이 모든 일이 당연하기나 한 것처럼.

'대체 뭐지? 나만 이상하게 생각하는 건가?'

철학이란 과연 무엇일까?

"여러분은 지금 앞으로의 수업에 대해 어느 정도 이해를 하고 앉아 있지요? 그렇다면 더 설명할 필요도 없겠군요. 바로 본론으로 들어가겠습니다. 오늘은 첫 번째 수업이니, 일단 개념부터 짚고 넘어갑시다. 도대체 철학이란 무엇일까요?"

갑자기 찬물을 끼얹은 듯 교실이 고요해졌다.

"막연히 떠오르지만 입 밖으로 꺼내긴 힘든가요? 의외로 골치 아픈 질문일지도 모르겠군요. 정답이 아니어도 됩니다. 다시 한 번 묻겠습니다. 여러분은 철학이 뭐라고 생각하나요?"

이때 태블릿 PC를 들고 있던 민수가 시큰둥하게 대답했다.

"지혜를 사랑하는 행위요. 철학이라는 말 자체가 그리스어에서 출발한 가장 원초적인 단어잖아요. 사랑이란 뜻의 필로스philos와 지혜란 뜻의 소피아sophia가 합쳐진 말 아닌가요?"

"오, 정말 좋은 대답이에요. 민수 학생이 철학의 사전적인 의미를 말해줬군요."

소크라테스가 대답하고 나서 다시 질문했다.

"그렇다면 민수 군, '지혜를 사랑하는 행위'란 구체적으로 무엇을 의미할까요?"

민수는 잠시 고민하더니 대답을 이어나갔다.

"뭐, 학문을 사랑하고 지식을 사랑하고, 구체적으로 말하면 인간을 사랑하는 거겠죠. 지혜란 인간이 선천적으로 타고난 위대한 능력이고, 철학을 연구하는 건 인간을 연구하는 것과 같다고 생각합니다."

소크라테스가 또다시 질문했다.

"그렇다면 철학은 이론적 지식인가요, 아니면 과학적 방법인가요?"

"그건 아주 간단한 문제인 것 같습니다. 제가 방금 말씀드린 '지혜를 사랑하는 행위'는 철학의 가장 원초적인 의미, 즉 글자 그대로의 의미잖아요. 다시 말해, 철학 연구의 대상인 인간의 지혜를 표현한 겁니다. 지혜를 사랑하려면 지식, 학문, 과학을 끊임없이 탐구하는 정신이 필요합니다. 따라서 철학은 이론과 실천, 두 가지의 결합체라고 할 수 있습니다."

민수는 자기 대답에 스스로 놀랐다. 자신이 이토록 심오한 생각을 하고 그것을 말로 표현할 수 있다니 대견하기까지 했다.

"Very good! 아주 잘했어요! 정말 훌륭한 답이네요. 감명 받았어요."

소크라테스는 손뼉을 치며 기뻐했다.

연아도 민수처럼 속으로 깜짝 놀라고 있었다. 소크라테스가 질문을 통해 민수의 생각을 이끌어내고 스스로 결론을 내릴 수 있도록 도와주는 과정을 실제로 보았기 때문이다. 실로 대단한 화법이었다.

소크라테스가 계속해서 말하기 시작했다.

"자연철학에서 윤리학, 도덕철학에 이르기까지 사실 철학 개념에 대한 본질적인 정의를 정확히 내린 철학자는 단 한 사람도 없었습니다. 다른 학문도 비슷하겠지만 철학이라는 학문 자체에 대한 연구에는 늘 다양한 견해가 있어왔거든요. 많은 사람들이 철학을 학문의 어머니이자 인생의 스승으로 생각합니다. 또 인류 문명의 발전 과정에 철학은 반드시 필요하다고 보는 사람들도 많습니다. 결국 철학에도 다양한 견해가 존재하면서 여러 학파가 형성된 겁니다. 앞으로 여러분은 저의 지혜를 자신의 지혜라고 착각하지 마십시오. 전 그저 여러분이 지혜를 기를 수 있도록 도와주는 '산파'일 뿐입니다. 앞으로 수업에 나올 다른 철학자들의 관점도 마찬가지입니다. 지혜는 남이 가르쳐준다고 해서 자기 것이 되는 게 아닙니다. 책으로 배울 수 있는 법칙 같은 것도 아닙니다. 스스로 판단하고 숙고해서 '자신만의 지혜'를 깨쳐야 합니다. 그 어떤 위대한 철학자도 남이 자신의 성과를 가로채는 것을 바라지 않을 겁니다. 그들은 더 많은 사람이 자신들을 '산파'로 여기고, 자신들의 매력적인 철학 사상을 스스로 깨닫기를 바랄 겁니다."

자연에 대한 철학 vs 인간에 대한 철학

"사실, 제가 태어나기 100여 년 전부터 철학은 이미 존재했습니다. 철학 사상에 관한 뜨거운 논쟁도 물론 있었지요. 이전의 관점은 주로 우주의 근원은 무엇인가, 세계는 무엇으로 구성되었는가, 만물은 왜 존재하는가 등에 관한 문제들이었습니다. 오늘날 우리가 소위 '자연철학'이라고 부르는 것들이지요. 제가 등장한 이후에는 국가와 국민의 운명을 생각하기 시작했습니다. 세계에서 인간으로 시선을 돌렸던 거지요. 즉 인간의 행복과 지식에 대해 관심을 갖게 되었습니다. 사람들은 이를 서로 구분하기 위해 제가 태어나기 전의 철학자를 가리켜 '소크라테스 이전의 철학자'라고 부릅니다. 저를 이해하려면 제 이전의 철학부터 완벽히 알아야겠지요? 지금부터 그 철학 개념들에 대해서 설명할게요. 잘 들으세요. 간단하지만 결코 쉽지만은 않을 겁니다."

소크라테스는 잠시 호흡을 가다듬으며 말을 이었다.

"첫 번째로, '최초의 철학자' 탈레스입니다. 기원전 6세기경, 여러 나라를 돌아다니던 중 이집트에서 발견한 피라미드의 높이를 구하기 위해 막대의 키와 그 그림자의 길이를 이용해 비율을 산정한 다음, 전체 높이를 계산했던 걸로 유명한 철학자입니다. 그는 만물의 근원은 '물'이며, 생명에게 아주 중요한 요소라고 했습니다. 어쩌면 메마른 육지에 비가 오면 만물이 소생하고, 물이 시시각각 상태가 변한다는 데서 그렇게 생각했을지도 모릅니다. 액체인 물은 기온이 낮아지면 고체인 얼음이 되고, 기온이 높아지면 기체인 수증기가 되는 등 스스로 변할 수 있으니까요. 그래서 탈레스를 '물의 철학자'라고도 부른답니다. 좀 길어졌네요. 탈레스의 철학 개념에 대해선 여기까지 정리하고 다음으로 넘어가 볼까요? 두 번째는, 아낙시만드로스입니다. 그의 관점은 매우 독특합니다. 아낙시만드로스는 세계의 근원을 이루는 것은 어떠한 규정도 없는, '무한정자apeiran'라고 했거든요. 자, 빠르게 넘어가겠습니다. 세 번째로, 아낙시메네스는 '공기'를 만물의 근원이라고 했습니다. 그는 공기를 자연의 근원으로 보았습니다."

소크라테스가 잠시 숨을 돌리더니 다시 말하기 시작했다.

"지금까지 언급한 세 사람은 근본 물질이 자연계의 만물을 구성한다고 생각했습니다. 한편 엠페도클레스는 헤라클레이토스의 '만물은 변한다'는 관점에 동의했던 인물입니다. 그는 세상의 모든 사물이 하나의 원소로 구성된 것은 아니라고 했습니다. 즉 공기는 물고기로 변할 에너지가 없으며, 물 역시 나비로 변할 수가 없다는 거지요. 엠페도클레스는 대자연이 '흙·공기·물·불'로 구성되어 있다고 했습니다. 우리는 이 이론을 '4원소설'이라고 부릅니다. 그는 이 4원소가 일정한 비율로 혼합되어 세상의 만물이 만들어졌고 각 사물에 따라 함유된 원소의 비율이 다르다고 생각했습니다. 이 원소들이 모여서 새로운 사물을 만드는 힘은 '사랑과 미움'에서 비롯되는데, 사랑은 이들을 결합하고 미움은 서로를 분리시킨다고 보았습니다. 즉 4원소가 결합과 분리를 통해 세계를 만들어간다고 생각한 것이죠. 그런데 사실 헤라클레이토스는 세계의 근원을 '불'이라고 말한 철학자입니다. 엠페도클레스는 그의 철학을 비판하면서도 '세계 만물은 우주의 섭리인 로고스(세계 이성)에 의해 생성되고 소멸되므로 유동적'이라고 주장한 관점에 주목했고, 그 관점을 일부 받아들여 자신의 철학을 펼쳐나간 것입니다."

소크라테스가 다른 철학자들에 대해 비교적 쉽고 재미있게 설명하자 사람들은 절로 고개를 끄덕였다.

"마지막으로 소개할 자연파 철학자는 데모크리토스입니다. 그는 '원자론'을 대표하는 인물이지요. 모든 사물은 작은 물질로 구성되어 있으며, 그 물질은 영원불변의 것이라 하여 '원자'라고 불렀습니다. 이 원자의 형태는 각기 다르고 견고하게 형성되어 있어서 영원히 변하거나 나눌 수 없다고 했습니다. 그렇기 때문에 원자는 다양한 물체로 합쳐질 수 있지만, 영원히 사라지지 않는다고 주장하더군요. 예를 들어 나무나 토끼가 죽어서 분해되면 그 안의 원자가 흩어져서 다시 다른 형태로 조합돼 우리가 보는 또 다른 사물이 된다는 겁니다. 데모크리토스는 사물의 '유동성'을 지지하면서, 유동성 뒤에는 영원불변하고 사라지지 않는 물질, 즉 원자가 있다고 굳게 믿었습니다."

"듣고 보니 수천 년 전의 철학 사상들은 좀 유치했던 것 같군요."

중후한 목소리가 청중의 적막을 깨고 들려왔다. 소리 나는 쪽으로 고개를 돌려보니 웬 노신사가 앉아 있었다. 그러고 보니 교실에는 다양한 연령대의 사람들이 있었다. 인기 있는 수업이라 그런가? 연아는 몇 년 전 돌아가신 친할아버지의 모습이 떠올라 왠지 친근한 느낌이 들었다.

소크라테스는 허리를 굽혀 단상에 있는 출석부를 흘낏 보고는 미소를 띠며 말했다.

"그렇죠. 현대인의 관점에서 수천 년 전의 문명은 마냥 웃고 넘길 수도, 그렇다고 곧이곧대로 믿을 수도 없는 이야기이지요. 우리가 과거를 볼 때는 우선 그때의 눈으로 이해해야 합니다. 그러고 나서 현대의 지식으로 재검토해야겠지요. 이게 바로 진보하는 정신이 아닐까요? 당시 철학자들의 사상은 이미 경험과 표상을 초월하고 미신과 신화에서 벗어나 있었습니다. 즉 이성理性으로 세계의 진면목을 통찰하는 발전을 이룩했던 겁니다. 그것만으로도 대단하지 않나요? 제 의견에 동의하시나요?"

노신사와 소크라테스는 눈을 마주한 채 한동안 소리 없는 웃음을 주고받았다. 마치 오랜 친구 사이 같아 보였다.

소크라테스, 행복의 조건을 말하다

소크라테스의 질문은 계속되었다.

"여러분은 행복하십니까?"

일순간 강의실 안이 조용해졌다. '행복'은 한마디로 정의할 수 없는 어려운 단어 아닌가? 연아도 맘속으로 떠올려보기 시작했다.

'행복? 흠, 난 행복한가? 하긴. 이 정도면 행복한 거겠지. 부모님도 모두 건강하시고, 날 사랑해주는 이해심 많은 남자친구도 생겼잖아. 지금은 서로에 대한 감정과 배려도 깊어졌으니까. 맞아, 이따금씩 학교 선생님께 칭찬을 듣기도 하고. 이만하면 나름 괜찮은 인생인 건가? 그런데 이게 진짜 행복인 걸까? 따지고 보면 공부 스트레스도 있고, 친구들 관계 때문에 골치 아픈 일들도 많잖아.'

질문 후 주위를 둘러보던 소크라테스의 시선이 마침 또 민수에게로 가 머물렀다. 당당하던 조금 전과 달리 민수는 다소 긴장해 있었다.

"저… 저는 행복과는 어울리지 않는 것 같아요. 전 그렇게 좋은 사람이 아니거든요."

소크라테스의 주목에 당황했는지 소심하게 말을 꺼내는 민수였다. 연아는 다시 생각에 잠겼다.

'행복과 좋은 사람? 행복이 그렇게도 연결되는 건가? 그럼 난 좋은 사람일까?'

"하하하, 그런 것까지 생각하다니 참 대단하군요! 부정적으로 생각할 필요는 없어요. 행복은 결국 남이 아닌 자신에게 달린 문제니까요. 전 여러분이 지금 행복한지, 또 행복을 어떻게 생각하는지 잘 모릅니다. 하지만 많은 사람들이 행복을 물질적인 조건에 대한 만족감과 동일시한다는 건 알고 있습니다. '벤츠를 타고 우는 한이 있어도 자전거를 타고 웃는 사람은 되고 싶지 않다'는 농담도 있잖아요."

잠시 청중의 반응을 보며 미소를 머금던 소크라테스가 다시 말을 이었다.

"물질을 좇는 사람들에게 즐겁냐고 묻는다면, 그들은 바로 고개를 끄덕일 겁니다. 하지만 행복하냐고 묻는다면, 선뜻 대답하지 못하고 망설일 겁니다. 전 부자들을 만날 때마다 같은 질문을 했습니다. '당신은 행복한가요?' 대답은 늘 같았습니다. 꼭 행복한 건 아니라고 하더군요. 행복은 단순히 즐거움의 단계가 아닙니다. '선'의 경지에 이르러야 합니다. 물질적인 만족은 잠깐의 즐거움만 가져다줄 뿐입니다. 아무리 돈이 많더라도 심리적으로 우울하고 걱정에 시달린다면 진짜 행복하다고 할 수 없습니다. 진정한 행복을 누리기 위해서는 선을 행하는 것이 최고의 방법입니다. 그렇다면 선은 무엇일까요? 선을 알아야 선을 행할 수도 있겠지요?"

여기저기서 고개를 끄덕였다. 작게 "네." 하고 답하는 소리도 들렸다.

"네, 선을 행하려면 우선 그 선이 무엇인지를 꼭 알아야 합니다. 저는 옳고 그름을 제 자신의 '양심'으로 판단합니다. 사실 이 사회에는 시시비비를 가릴 수 있는 기준이 없습니다. 옳고 그름을 따질 수 있는 능력은 인간의 본질적 특성인 이성에서 오는데, 이 이성을 위반하면 즐겁지 않습니다. 이런 이치를 이해한 사람들은 즐거움을 위해 자신의 이성에 따라 행동하려고 합니다. 그러면 악을 행하는 일도 없거든요. 좀 어렵나요? 결국은 옳고 그름을 이해하고, 선을 행하는 사람만이 즐거움을 깨달을 수 있다는 겁니다. 남을 모함하거나 사기를 치거나 상해를 입히는 일들이 잘못이란 걸 알면서도 그렇게 행동하고 있다면 그 사람은 즐거움, 더 나아가 행복을 결코 느낄 수 없습니다. 잘못을 저지른다고 해서 무조건 불행하다는 말은 아닙니다. 최소한, 옳고 그름을 모르는 상태에서 잘못을 했다면 말입니다. 따라서 우리는 끊임없이 배워야 합니다. 옳고 그름을 배우는 건 행복해지는 방법을 배우는 것과 같습니다. 이런 진정한 의미의 행복을 모른다면, 우리는 과연 어떤 힘으로 삶을 행복하게 살아갈 수 있을까요?"

행복은 나 자신을 알아야 가능한 것

소크라테스가 단호한 말투로 계속 강의를 이어갔다.

"저는 우주의 근원, 만물의 본질 등 자연에 대한 것보다 국가와 국민에 대해 더 많은 관심을 가졌던 사람입니다. 그런데 저의 새로운 사상이 젊은 이들을 타락시킨다는 억울한 누명을 썼습니다. 정말 유감입니다. 사람들의 관심을 자연에서 인간인 자기 자신에게로 돌려주기 위해, 저는 변론의 방식으로 젊은이들의 생각과 탐구심을 자극한 겁니다. 제가 한 것이라곤 그들에게 질문을 던진 것밖에 없습니다. 저는 입으로 설파할 줄만 아는, 아무것도 모르는 사람입니다. 이 생각은 지금도 변함없습니다. 저는 문답, 즉 대화를 통해 가장 빨리 타인에게 가르침을 구하고 싶었습니다. 어떤 사람들은 저에게 자기도 잘 모르는 걸 남에게 물어본다고 하더군요. 때론 진리를 위해 광대가 되면 또 어떻습니까? 하하! 훗날 사람들은 이런 학문 탐구법을 문답법이라고 불러주었습니다. 이것이야말로 철학적 문제를 사고할 때 가장 간단하면서도 실용적인 방법이라는 것을 강조하고 싶군요. 아, 제가 내세워서가 절대 아닙니다."

"선생님!"

소크라테스가 소리가 난 쪽을 찾아 시선을 멈췄다.

"델포이 신탁은 선생님을 아테네에서 가장 똑똑한 사람이라고 칭하던데, 어떻게 생각하세요?"

어디서 용기가 솟았는지 갑자기 연아의 입 밖으로 질문이 튀어나왔다. 이 시점에서 질문한 것에 놀란 나머지 연아는 자기도 모르게 격앙된 목소리를 내버렸다. 소크라테스 하면 떠올랐던 거라 평소 궁금하기도 했다.

"하하! 스스로 똑똑하다는 생각은 해본 적이 없습니다. 제가 알고 있는 건 오직 하나! 저는 아는 게 하나도 없는 사람이라는 겁니다. 신탁은 저보다 더 지혜로운 사람이 없다고 했는데, 놀라울 따름입니다. 너무 재미있는 농담인지라 아테네에서 인정받는 제일 똑똑한 사람을 찾아가 한번 질문을 던져봤어요. 그런데 시원스레 답을 못하더군요. 그러고 보니 신탁의 말이 맞긴 하네요. 나중에야 그 이유를 알겠더군요. 왜 제가 남보다 더 지혜롭다고 한 걸까요? 그 이유는 바로 이겁니다. 저는 '나는 모른다'는 사실을 '알고' 있었습니다. 가장 똑똑한 사람은 자신의 무지함을 아는 사람이라고 생각합니다. 아주 위험한 발언일 수도 있겠군요. 우리 시대에는 이것 때문에 목숨을 잃을 수도 있거든요. 그냥 대답하는 것이 질문하는 것보다 훨씬 안전합니다."

소크라테스는 다소 단호한 어조로 말을 이었다.

"스스로 아는 것이 하나도 없다는 것을 깨닫고 괴로워하는 사람은 말로는 똑똑하다고 하면서 실상 하나도 모르는 사람보다도 더욱 현명합니다. 철학이 영원히 자연에만 머물러서는 안 됩니다. 타인에 집중하고 자신을 생각해봐야 합니다. 저는 자기 자신을 아는 것이야말로 세계를 아는 것보다 더 중요하다고 생각합니다. 지식의 기초를 다지려면 자신의 사고 능력을 확실히 인식해야 합니다. 자기가 아는 것과 모르는 것을 가릴 줄 알아야 합니다. 그것이 바로 인간의 이성입니다."

잠시 웃음을 띠며 소크라테스가 말했다.

"「벌거벗은 임금님」이라는 우화를 다들 들어봤을 겁니다. 거기서 '왕은 옷을 입지 않았다!'라고 외치는 꼬마가 실은 제 우상입니다. 그 꼬마, 진짜 용감하지 않나요? 여러분! 그 한 명의 꼬마와 저의 공통점이 바로 자기 자신을 잘 안다는 겁니다. 이제 어느 정도 제 철학이 이해되시나요?"

소크라테스의 말에 귀를 기울이던 사람들이 모두 고개를 끄덕였다.

"자, 아쉽지만 오늘 수업은 여기까지입니다. 이 자리에 설 수 있어서 정말 기뻤습니다. 기회가 된다면 여러분의 초롱초롱한 눈망울을 또 볼 수 있으면 좋겠네요."

학생들이 모두 교실을 떠나고, 멍한 표정으로 있던 연아는 거의 마지막으로 자리에서 일어나 천천히 교실을 빠져나왔다. 여운이 쉽사리 가시지 않았다. 밖은 벌써 깜깜해져 있었다. 평소라면 집에서 저녁이나 먹고 침대에 누워 한가롭게 책이나 읽을 시간이었다.

생각지도 못한 기묘한 하루였다. 이제부터 삶이 새롭게 바뀔 것만 같은 기분이 들었다. 연아는 설렘 반 기대 반으로 발걸음을 내딛었다.

플라톤 선생님,
결혼은 꼭 해야 하나요?

▸▸ 플라톤이 대답해주는 '이데아' 이야기

여러분,
결혼은 꼭 해야 할까요?

 당연하죠! 결혼해서 아이를 낳고 사는 건 모든 사람의
의무예요.

 그렇지 않아요. 반드시 결혼을 해야 한다는 건 구시대적 발상
이에요. 결혼해서 불행해질 수도 있고, 결혼하지 않고 행복할 수도
있으니까요.

▸▸ 생각해보기 ◂◂ ───────────

꼭 결혼을 해야 하는 걸까?
즐겁게 연애만 하고 결혼은 안 해도 되지 않을까?

연아는 오늘 아침 소란스러운 소리에 잠이 깼다. 연아의 언니는 오늘도 엄마의 잔소리에 시달리고 있었다.

"넌 나이가 몇인데 여태 결혼할 생각도 안 하고 엄마가 차려주는 밥만 먹을 거야? 대체 어쩌려고? 엄마 아빠가 백발이 될 때까지 기다려야 하는 거니? 요즘 만나는 사람도 없어?"

"아, 엄마. 그만 좀 해! 그런 건 내가 알아서 한다고!"

둘 사이에 냉전 기류가 흘렀다. 연아가 둘 사이에 낀다면 괜히 어색해질 게 뻔했다. 엄마의 잔소리는 아마 고스란히 연아의 몫으로 넘어올 거였다. 가뜩이나 성적이 오르기는커녕 슬슬 내려가는지라 불안한 터였다. 이런 때 나가면 딱 타깃이 될지도 몰랐다.

연아는 언니를 이해하는 입장이었다. 훗날 연아도 결혼을 한다면 '만남-연애-결혼-출산'이라는 공식을 따르고 싶지 않았다. 좀 자유를 즐기다가 정말 잘 맞는 사람을 만났을 때 신중히 결정하면 된다고 생각했다. '결혼은 무덤'이라는 말이 괜히 생겨난 건 아니지 않을까? 어쩌면, 이렇게 생각하는 사람들이 늘어나서 결혼 시기가 점점 늦춰지는 추세인지도 모른다. '인륜지대사'였던 결혼은 자유연애 혹은 연애지상주의에 조금씩 자리를 내주고 있는 중이다. 연아는 다시금 생각에 빠졌다.

'결혼이라는 걸 꼭 해야만 하는 걸까? 결혼하면 곧 행복해질까?'

'소크라테스는 여기에 대해 어떻게 생각할까?'

갑자기 어제 그 철학 수업이 떠올랐다. 연아는 궁금해졌다. 그분이라면 이 질문들에 대한 명확한 해답을 찾아줄 것만 같았다.

연애의 결말은 결혼일 수밖에 없을까?

"안녕하세요. 벌써 7시 반이네요. 30분이나 늦다니 죄송합니다. 대신 오늘 강의는 더욱 재미있게 더욱 열정적으로 진행하도록 하겠습니다. 아, 소개가 늦었군요. 저는 플라톤입니다."

철학자가 바뀌었다! 더군다나 플라톤이라니!

"다들 저를 이상하게 쳐다보시네요? 옷차림 때문인가요? 그러지 마세요. 제가 가장 좋아하는 옷이니까요. 멋지지 않나요? 여러분은 셔츠와 재킷에 넥타이까지 매야 정장이라고 생각하나요? 그런 차림을 해야만 강당에 설 수 있고, 신사적인 사람인 건가요? 그건 아마도 양복을 입고 넥타이를 맨 모습이 다른 평상복보다 말끔하다고 생각하는 사람이 많기 때문일 겁니다. 아, 물론 저는 예외지만요."

웃으면서 다짜고짜 정장 타령부터 하는 플라톤을 모두 의아해하며 쳐다보았다. 연아는 웃음이 터져 나오려는 것을 간신히 참았다. 왠지 오늘도 재미있는 수업이 될 것만 같았다.

'맞아. 양복 입은 사람을 보면 대충 무슨 일을 하는 사람인지 추측할 수가 있잖아. 은행원이라든지, 회사원이라든지 사무실에서 일하는 사람을 떠올리지 공사장 인부일 거라고 생각하지 않으니까.'

연아가 양복 입은 사람에 대한 고정관념에 대해 잠시 생각하는데 플라톤이 갑자기 표정을 바꾸더니 청중을 쭉 둘러본 다음 입을 열었다.

"여러분에게 묻고 싶습니다. 자, 여기에 결혼하신 분들도, 아직 안 하신 분들도 있을 텐데요. 연애의 결말은 결혼이어야 할까요? 개인의 의지나 목표와 상관없이 인간은 꼭 결혼을 해야만 하는 걸까요?"

플라톤의 질문에 중년으로 보이는 남자가 흥분된 어조로 대답했다.

"당연하죠! 결혼해서 아이를 낳고 사는 건 모든 사람의 책임이자 의무이기도 합니다. 결혼은 두 사람의 일이기도 하지만, 양가가 만나는 일이잖아요. 요즘 젊은이들은 부모 말은 듣지도 않고 결혼을 거부하는데, 그건 무책임한 태도라고 봅니다."

"전 그렇게 생각하지 않아요."

일순간 시선이 한쪽으로 모아졌다.

"요즘 시대를 보세요. 갈수록 많은 사람들이 연애만 택하고 결혼을 포기하잖아요. 사람들의 생각이 점점 깨어나는 거예요. 얼마나 자유로워요? 전통적인 관념과 속박에서 벗어나 절대적인 자유를 향해 가고 있다는 의미잖아요. 결혼이 주는 행복은 연애도 충분히 줄 수 있어요. 결혼으로 인한 불행은 연애하면서 겪어보고 피할 수도 있어요. 그런데 뭐하러 불행할 수도 있는 결혼을 섣불리 선택해요?"

학교 친구 소미였다. 최근 소미의 언니는 형부와 사소한 것에서 시작된 싸움이 이혼까지 거론되는 상황으로 치달았다고 했다. 그렇지 않아도 결혼에 회의적이던 소미는 이 일로 인해 더 강하게 결혼을 거부하게 되었다.

두 사람의 말을 들은 연아의 마음에도 작은 파문이 일기 시작했다.

'나는 결혼을 포기하고 연애만 선택할 수 있을까? 아냐. 시기는 늦더라도 꼭 내 가정을 꾸리고는 싶은데……'

이 광경을 왠지 흐뭇하게 지켜보던 플라톤이 말했다.

"하하하. 맞아요. 갈수록 결혼 시기가 늦어지고 있지요. 그중엔 결국 독신을 선택한 사람들도 물론 있습니다. 사회적으로는 아주 골치 아픈 문제이기도 해요. 그래서인지 요즘 텔레비전을 틀면 맞선 프로그램이 많이 나옵니다. 골드미스가 증가하면서 결혼을 늦게 하는 비율이 증가했거든요. 그런 데다가 이혼율도 증가하는 실정입니다. 그렇다고 해서 높은 이혼율이 결혼을 늦추거나 아예 결혼하지 않는 이유가 될 수 있을까요? 그건 아닙니다. 대다수 사람들은 그런 이유로 지레 결혼을 미루진 않습니다. 결론부터 말하자면, 인간이라면 어쨌든 결혼을 해야 합니다. 이건 대다수의 사람들이 추구하는 이상적인 상태이니까요. 저는 이것을 '이념' 또는 '이데아idea'라고 부릅니다. 이것은 제 철학 사상의 핵심으로, 여러 분야에 영향을 끼치고 있지요. 자, 잘 들어보세요."

플라톤이 잠시 헛기침을 하고 본격적으로 강의를 시작했다.

"전 영원히 변하지 않는 사물에 관심을 가졌습니다. 자연계에서 유형의 것은 '유동적'이기 때문에 세상에서 분해할 수 없는 '물질'은 없다고 생각했지요. 이 물질들이 시간에 따라 변하지만, 이것의 '형식'은 영원히 변하지 않습니다."

갑자기 플라톤은 뒤로 돌아 칠판에 직사각형을 그리고 나서 다시 원을 그렸다.

"이 그림들은 어떤 형태인가요?"

"직사각형이랑 원형이요."

민수가 재빨리 대답했다. 플라톤은 잠시간 있다가 다시 말했다.

"대답하는 사람이 더 없는 걸 보니 모두 민수 학생의 대답이 옳다고 생각하나 보군요. 정확하게 말하면, 이건 직사각형이나 원형이 아닙니다. 삼각자나 컴퍼스를 사용하지 않고 그린 네모와 동그라미니까요. 직사각형이나 원형과는 미묘하게 다를 수 있겠지요. 그래도 사람들은 이 그림을 보면 약속이나 한 듯 그렇게 말합니다. 왜 그럴까요? 우리 머릿속에 사각형이나 원형에 대한 단단한 고정관념이 존재하기 때문입니다. 관념은 잘 변하지 않습니다. 보이지도 않고 잡을 수도 없지요. 영원한 이상적 상태입니다. 이와 상반되지만, 우리가 느낄 수 있는 개체 혹은 물질이라는 것은 잘 변하기도 하며 유동적입니다. 시간이 흐르면서 생기기도 하고 사라지기도 하지요."

플라톤은 미리 준비해온 빵틀을 꺼내 들며 말했다.

"영원히 변하지 않는 관념은 이 빵틀과도 비슷합니다. 이 틀에서 찍어낸 빵을 우리가 느낄 수 있는 '유동적인 개체'라고 한다면, 그로 인해 모양이 달라진 '불완전'한 빵에서도 그 '틀'을 완벽히 예상할 수가 있습니다. 미루어 짐작할 수 있는 거지요. 지금 무슨 이야기를 하려는 건지 도무지 이해할 수 없단 표정들을 짓는 분들도 있네요."

플라톤은 미소를 지으며 혀로 입술을 훑었다.

"다시 본론으로 돌아올게요. 자, 결혼 역시 변하지 않는 관념입니다. 관념이 존재하면 여러 가지의 다른 결과들이 나올 수밖에 없습니다. 결론적으로 말하자면 '결혼'이라는 관념에서 이혼, 만혼, 조혼, 독신 같은 모든 것들이 출발했다는 겁니다."

바로 그때, 소미가 용기를 내 질문을 던졌다.

"선생님, 그럼 다들 결혼은 왜 하는 걸까요? 결혼을 선택하는 이유가 무엇일까요? 결혼이라는 유형이 꼭 있어야 하는 걸까요?"

모두가 묻고 싶어 했던 가장 현실과 맞닿은 질문이었다. 다른 사람들도 궁금하다는 듯 플라톤에게 집중했다.

"네, 아주 좋은 질문입니다. 사실 그 문제는 이미 보편적인 현상이 됐지요. 사람들마다 결혼하는 이유는 다릅니다. 누군가는 사랑 때문에 하고, 누군가는 책임 때문에 하지요. 혹은 경제적인 이유나 안정감 때문에 결혼을 택하기도 합니다. 이렇듯 이유는 다양하지만 여기에는 공통점이 있습니다. 결혼이라는 제도가 갖고 있는 영원불변성과 사회적 규정이 바로 그것입니다. 결혼은 법적으로 구속력이 있지요. 부부가 되면 서로에게 충실하고 책임감을 가질 의무가 생깁니다. 그뿐만 아니라 결혼은 가족 구성의 시작이라는 것이 통념이기도 하지요. 사람들은 가정을 꾸리려면 결혼이라는 통과의례를 거쳐야 한다고 생각합니다. 사회적 안정을 바라는 사람일수록 결혼은 더욱 절실합니다. 사람들의 의식 속에서는 보통 결혼이라는 이념, 즉 '이데아'가 아름답고 행복하게 존재합니다. 반면 이혼은 결혼이라는 이념 속에서 불행한 것으로 투영되어 그것이 유동적이기도 하고 소멸하기도 합니다. 재혼이 가장 명확한 증거가 되겠네요. 재혼을 하면 이혼이라는 또 다른 이념이 유동적이 되거나 소멸되니까요. 여하튼 이혼을 피할 수 있는가는 결혼 여부에 달려 있는 것이 아니라, 어떻게 결혼 생활을 유지하고 스스로

가 바라는 이상적인 상태로 바꿀 것인가에 달렸습니다. 이 빵틀을 이용해 완벽한 빵을 만들어내려는 것처럼 말입니다."

"아, 선생님. 이제 뭔지 알 것만 같아요. 결혼은 하나의 이념 세계이고, 결국 이 세계의 본질은 영원불변의 완전한 진리라는 거잖아요. 하지만 여기에는 이혼이나 만혼 같은 불완전한 세계도 있을 수 있고요. 완벽한 결혼 생활을 위한 책임감 때문에 억지로 이것을 유지하는 사람들도 분명 있을 거예요. 어쨌든 이런 다양한 형태들은 모두 쉽게 변하는 것이고 또 실제 느껴질 수도 있는 것이네요. 모두 결혼이라는 이념이 투영된 것이고요. 그렇지 않나요, 선생님?"

민수가 침착하게 본인의 생각을 이야기해갔다. 왠지 연아도 그의 말에 어렴풋하게나마 생각이 정리됐다.

"젊은이가 두뇌 회전이 빠르군요. 제대로 이해했어요. 오늘 수업 분위기 정말 좋은데요?"

플라톤이 기분 좋게 화답해주었다.

결혼이라는 영원한 이데아

"그러니까 우리가 느끼는 세계 바깥에 영원하면서도 완전한 본질적인 세계가 존재한다는 말씀이군요. 그럼 결혼도 영원한 거라는 말씀이죠?"

소미는 '결혼'이라는 주제에 유독 집착하는 듯했다. 플라톤이 인자한 미소를 지으며 답변했다.

"저는 모든 사물에는 영원한 본질이 존재한다고 믿습니다. 자연계 각 현상의 배후에 있으며 영원불변하지요. 이게 바로 이념 혹은 이데아라는 것입니다. 아울러 진정한 진리는 오직 하나의 이성에서 비롯됩니다."

플라톤이 소미와 다시 한 번 눈을 맞추더니 입을 또 열었다.

"결혼이 영원하냐고요? 완벽하지 않은 결혼의 형태들 때문에 그 영원성을 의심하나 보군요. 하지만 그건 결혼의 본질이 아닌 결혼에 대한 스스로의 감정입니다. 소미 학생이 직접 체험하거나 느낀 것으로 다른 사람들은 인식할 수 없는 세계이지요. 소미 학생이나 그 주변의 감각 세계에만 존재하는 겁니다. 여러분이 인식하는 결혼은 곧 영원불변의 것일 수 없습니다. 그건 결혼의 진짜 이데아가 아니기 때문입니다. 우리는 계속해서 변하는 사물에 대해서는 진정한 인식을 할 수 없습니다. 이성으로 사물을 이해해야 진짜 인식한 겁니다. 감각 세계로 들어오는 구체적인 사물들은 참고만 해야 합니다. 예를 들면 소비자들은 빵틀을 본 적이 없지만 그 빵을 보면서 원래의 모양이 어떠한지를 추측해볼 수 있습니다. 우리의 이성이 그렇게 알려주니까요. 혹시나 직접 그 틀을 봤다고 하더라도 육안으로 정확히 인지했다고 말할 수는 없습니다. 우리 감각기관의 인식이 그리 믿을 만한 건 또 아니거든요. 시각도 사람마다 다르고 환경의 영향 역시 그때마다 받을 수밖에 없습니다. 하지만 이성은 모든 사람이 같습니다. 제 생각은 그래요. 이성은 무엇보다 가장 아름다운 것입니다. 마치 수학이 매력적인 학문인 것처럼, 이것이야말로 우리가 진정으로 이해할 수 있는 상태이며 영원히 바뀔 수 없는 것입니다."

플라톤은 단호한 어투로 계속 강의를 이어갔다.

"우리는 삼각형 내각의 합이 180도라는 사실을 잘 알고 있습니다. 아무리 불규칙적으로 그리거나 삐뚤빼뚤 다양한 형태로 그려도 삼각형 내각의 합은 180도입니다. 그런데 단순히 삼각형을 떠올려도 우리는 그 모양을 상상할 수 있지요. 다른 예를 들어볼까요? 3 곱하기 5는? 15입니다. 혹시 여기에서 10이나 14나 18이라고 답하는 사람이 있을까요? 없습니다. 하지만 여러분에게 '어떤 색깔이 당신의 기분을 좋아지게 해주나요?'라는 질문을 했을 때는 아마 다양한 답변이 나올 겁니다. 이것이 바로 이성과 감각의 차이입니다. 진정한 인식은 이성에서 비롯됩니다. 이성은 우주 공통적인 영원불변의 존재입니다. 이 세계에 그 어떤 기이한 형형색색의 말馬이 나타난다 하더라도, '이성' 속의 말은 여전히 발이 네 개이고 꼬리가 달려 있고 털이 골고루 나 있는 모습일 겁니다."

이때, 지난번 수업 시간에 본 듯한 노신사가 헛기침을 내며 말했다.

"흠, 이 세계가 영원불변하다는 사실을 알아내기 위해 끊임없이 연구하신 것 같아 존경을 표하고 싶습니다. 이것이 곧 철학자의 모습이군요."

플라톤, 이데아에 이르기 위한 여정을 말하다

"선생님, 질문 있어요. 인간은 영원한 존재일까요? 그렇다면 인간의 이성 혹은 이데아란 게 다 무슨 소용일까요? 인간이라면 누구나 죽음을 맞을 수밖에 없잖아요."

수업 시간 내내 옆자리에 조용히 앉아 있던 수연이 질문했다. 수연은 유학을 다녀온 해외파로 요즘 이런저런 고민이 많은 듯했다.

"아주 좋은 질문이에요. 감각 세계에서 영원불변의 사물은 없어요. 모든 것이 유동적이고 변화하지요. 이곳에는 삶과 죽음이 존재합니다. 예를 들어 동물이 죽으면 그 시체는 부패하지요. 하물며 가만히 있는 돌도 풍화가 됩니다. 인간도 마찬가지로 늙거나 죽습니다. 하지만 이념의 세계에는 감각 세계에서 알아차릴 수 없는 영원한 이데아나 형식이 존재합니다. 저는 그것을 '영혼'이라고 부르고 싶군요."

잠시 뜸을 들이며 플라톤은 말을 이었다.

"인간은 이중인격을 가진 동물입니다. 끊임없이 변하면서 시시각각 감각 세계와 연결되지요. 이 세상의 다른 생물들도 마찬가지입니다. 기본적으로 몸이 존재하니까요. 동시에 주관성과 불확실성을 내포하기도 합니다. 하지만 인간에게는 신체뿐만 아니라 영원히 없어지지 않는 불후의 영혼이 있습니다. 영혼은 인간의 이성 세계로서, 흔히 감지할 수 있는 감각적인 것이 아닙니다. 이성은 인간이 태생적으로 타고난 것으로, 잠재적인 방식을 통해 인간의 영혼에 존재합니다. 사람들이 어떤 사물을 봤을 때, 영혼은 그 사물이 이념 세계에 있을 때의 완벽한 형상을 회상합니다. 따라서 진정한 인식은 물질 세계에 대한 느낌이 아닌 이념 세계에 대한 회상이라고 볼 수 있습니다. 하지만 여러분, 그거 아세요? 많은 사람이 물질 세계에 대한 느낌을 끌어안고 있어요. 소수의 사람만이 자신의 영혼을 진정으로 방출하고 이데아로 돌아가는 여정에 오르지요. 대부분은 자신이 본 이데아가 투영된 사물이나 현상을 진정한 지식으로 여깁니다. 그림자 뒤의 사실을 생각해본 적이 없지요. 아, 이 문제는 '동굴'로 비유하면 아주 재미있겠군요."

플라톤을 향해 사람들이 더욱 흥미로운 눈빛을 띠기 시작했다.

"동굴 이론을 들어본 적 있나요? 여기서 동굴이란 과연 뭘까요? 한번 상상해봅시다. 많은 사람들이 어두운 지하 동굴에 살고 있습니다. 그들은 손발이 묶여 있고 동굴 입구를 등진 채 바닥에 앉아 있어요. 등 뒤에서 비쳐 오는 사람과 사물의 그림자를 제외하고는 아무것도 보이지 않아요. 그래서 그들의 세상에 존재하는 유일한 존재는 그 그림자가 전부라고 생각합니다. 근데 그중 한 사람은 자신이 보고 있는 그림자가 어디에서부터 나온 것인지 궁금했습니다. 간신히 밧줄을 풀고서 천천히 뒤를 돌아봤지요. 세상에나! 그곳에는 그림자들의 실체가 있었습니다. 당연히 놀랄 수밖에요. 그후 그는 온갖 방법을 동원해 동굴에서 빠져나와 세상 밖으로 나왔습니다. 그곳에는 대자연의 아름다움이 있었고, 더 이상 어두운 그림자가 아닌 형형색색의 실체들이 존재했습니다. 그림자들의 근원이 있었던 겁니다. 여기서 끝이 아니었습니다. 향기로운 꽃과 살아 뛰어다니는 동물들, 그리고 빛나는 태양, 흐르는 물, 촉촉한 대지 등을 직접 보고 느끼면서 생명의 원천을 깨달았습니다. 그가 여기서 멈췄을까요? 혼자 동굴 밖 아름다운 세계에서 행복하게 살았을까요? 아닙니다. 그는 동굴에 갇혀 있는 사람들을 떠올리곤 다시 돌아가 자신이 본 세계에 대해 이야기하며 어서 나가자고 설득했습니다. 지금 여기서 보는 것들은 다만 사물이 빛에 반사된 그림자일 뿐이라고 말입니다. 하지만 동굴 속 사람들은 그 말을 믿지 않았고 오히려 그를 죽여버렸습니다. 스스로 진리를 체득한 철학자를 말이지요. 이 예화를 듣고 여러분은 지금 누구를 떠올렸나요? 저는 제 스승인 소크라테스가 생각나는군요. 철학자로서 사람들에게 올바른 길을 비춰주려다 살해되었지요."

플라톤이 말을 멈추자 교실은 순간 정적으로 가득 찼다. 그때 소미가 숙연한 분위기를 깨고 조심스럽게 질문했다.

"선생님, 약간 이해가 안 되는 부분이 있는데요. 우리가 보고 느끼는 자연계가 정말 그 동굴처럼 어두운 걸까요? 감각 세계에 대한 인식이 없다면 우리는 어떻게 진리 세계의 본질을 도출해내야 할까요?"

플라톤은 옷매무새를 가다듬으며 말했다.

"허허, 감각 세계의 대자연이 어둡다고 말한 건 아닙니다. 그저 동굴의 어두운 세계와 외부의 아름다운 세계를 비교해 자연계의 형식과 이념 세계의 관계를 설명한 것뿐입니다. 감각 속 자연계가 무미건조하다고 말한 것이 아닙니다. 좀 더 명확하고 기묘한 이념 세계와 비교했을 때 무난하고 재미없다는 것이지요. 한 폭의 유화가 아무리 아름답다고 한들 그것은 그냥 그림일 뿐입니다. 실재하는 자연 풍경과 비교할 수 없지요. 그렇게 생각하지 않나요?"

철학을 배워야 실현할 수 있는 이데아

플라톤은 계속 말을 이어나갔다.

"동굴에 관한 자세한 설명은 제가 쓴 『국가』라는 책에 잘 나와 있습니다. 궁금하신 분은 찾아서 읽어보시기 바랍니다. 그럼 이제 '이상 국가'에 대해 이야기해볼까요? 사실 제가 바라는 정치적 이상이기도 합니다."

플라톤은 한결 편안해진 표정을 지었다.

"조금 전, 그림자만 아는 사람들에게 실제 세계, 즉 이념 세계를 알려주려던 사람이 철학자였다고 말했는데요. 사실은 그것이 철학자의 책임과 사명이기도 합니다. 철학자의 존재 의의는 사람들이 진리를 알고 지식을 습득할 수 있도록 도와준다는 데 있습니다. 국가도 철학자가 다스려야 합니다. 제가 생각하는 이상적인 국가는 철학이 통치하는 국가입니다. 여전히 인간은 홀로 살아갈 수 없고 반드시 집단을 구성해야 생존할 수 있다고 생각합니다. 모두가 책임을 나누고 협조해야 전체 국가를 유지할 수 있는 겁니다. 여기에는 크게 생산자, 군인, 지도자 등이 포함됩니다. 모든 개체가 마찬가지입니다. 각자의 영혼은 머리, 가슴, 배 등 세 부분으로 구성됩니다. 이것들은 다시 세 가지 능력에 대응하지요. 머리는 이성, 가슴은 의지, 배는 욕망입니다. 이 조직이 서로 협력하고 가장 조화로운 상태에 도달해야만 인간의 영혼은 이상적인 '미덕'의 경계에 도달할 수 있습니다. 즉 이성이 지혜를 추구하고, 의지가 용기를 좇고, 욕망이 억제로 더해져야 비로소 절제에 도달하는 겁니다. 사람의 몸에서 머리, 가슴, 배를 빼고 이야기할 수 없듯이 한 국가도 통치자, 군인, 생산자가 동시에 존재해야 지혜, 용기, 절제의 미덕을 갖출 수 있으며, 이런 국가만이 영원할 수 있습니다. 그중에서도 제가 가장 최고로 꼽는 것은 지혜, 바로 이성입니다. 저는 이성으로 국가를 통치해야 한다고 봅니다. 가장 이상적인 인물상은 인간을 밝은 빛으로 이끌어주는 철학자입니다. 인간의 몸을 머리가 관리하듯 국가 역시 이성적인 철학자가 다스려야 합니다. 이런 국가야말로 진정한 정의를 실현할 수 있습니다."

소미가 손을 번쩍 들더니 낭랑한 목소리로 말했다.

"아, 선생님! 이제 알 것 같아요. 그러니까 통치자가 되려면 꼭 철학적 사유를 갖춰야 하는데 원래 지혜로운 사람이거나, 만약 그렇지 못하다면 철학을 배워야 한다는 말씀이네요. 그렇죠?"

"바로 그거예요. 학생이 쉽게 이해하고 있군요. 남녀노소를 막론하고, 통치자가 되기 위해서는 평생 철학적 훈련을 해야 해요. 그래야 마땅한 위치에 올랐다고 보는 거지요."

이 말을 마지막으로 남긴 채 플라톤은 서둘러 교실을 떠났다. 다른 작별 인사도 없었다. 학생들은 모두 수업이 끝났다는 것을 알고 자리를 하나둘씩 뜨기 시작했다. 연아도 주섬주섬 일어나 사람들을 뒤따라갔다. 어느새 날은 어두워져 있었다. 집으로 가려면 버스를 타야 했지만, 강의를 통해 알게 된 철학의 매력을 다시 한 번 곱씹기 위해 연아는 천천히 걸었다. 눈앞에 보이는 사람들도, 사물들도 더 이상 자신과는 아무 관련이 없다는 사실에 마음이 한결 가벼워졌다. 오늘 아침, 언니와 엄마 사이에 있었던 작은 소동도 새까맣게 잊어버렸다. 이 거리를 그냥 걷고 있는 사람들은 아마도 모를 것이다. 오늘 그녀가 얼마나 큰 깨달음을 얻었는지…….

연아는 벌써부터 다음 철학 수업이 기대되기 시작했다.

칸트 선생님,
양심에 따른 행동이란 무엇인가요?

▶▶ 칸트가 대답해주는 '이성' 이야기

법 없이도 사는
사람은 정말 양심적으로
사는 사람일까요?

 어떤 선한 의도가 없었더라도 다른 사람에게 피해를 주지 않았고, 자기 이익을 위해 남을 이용하지도 않았다면 양심적이라 말할 수 있을 것 같아요.

 그럼, 법을 지켰지만 좋지 않은 결과를 낳은 사람은요?

 음, 글쎄요…….

▶▶ 생각해보기 ◀◀

도덕적으로 양심에 따라 행동했지만
결과가 좋지 않았다면, 어떻게 해야 될까?

다음 날 아침이 밝았다. 연아는 아침부터 어제 들었던 플라톤의 강의가 떠올랐다. 등굣길에서도 마찬가지였다.

'모든 사물의 존재는 반드시 이상적인 상태가 있어. 그 상태는 영원히 변하지 않고, 또 그렇게 실현되기도 어렵지. 결혼도 마찬가지야. 영원하지 않은 결혼이 두렵다는 비이성적인 이유로 결혼을 포기할 수는 없어. 이상적인 결말을 맺기 위해 노력해야 하는 거야. 그래야 그 사랑이 더 단단해지는 거니까.'

연아는 하루 종일 지난 수업을 떠올리며 마음속에 되새기고 있었다. 교실 벽에 걸린 시계를 보며 1분 1초가 어서 흘러가기를 바랐다. 그리고 마음은 어느새 그 강의실로 훨훨 날아가고 있었다.

이윽고 지루했던 종례 시간이 끝나자 연아는 가방을 싸는 친구들을 뒤로하고 잽싸게 교실을 빠져나왔다. 6시 50분, 연아는 골목 가장 안쪽에 있는 한 낡은 건물 앞에 도착했다. 빠른 걸음으로 오느라 가빠진 호흡을 깊게 내쉬며 약간 상기된 기분으로 문을 열었다.

한 말끔한 남성이 강단에 오르자 여기저기서 학생들이 웅성거리기 시작했다. 감탄하는 소리도 흘러나왔다.

"진짜 잘생겼다!"

"말도 안 돼! 저분이 정말 철학자야?"

"와, 분위기 있다."

"그러게, 되게 젊으신데?"

누가 봐도 오늘의 주인공이었다. 연아도 설레는 마음을 가라앉힐 수 없었다. 단지 잘생긴 외모 때문만이 아니었다. 어디서 본 듯한 익숙한 얼굴의 사람이 눈앞에 서 있다는 사실에 너무 놀라워서였다.

인간을 움직이는 건 이성일까, 감각일까?

"안녕하세요, 여러분. 오늘 이렇게 여러분과 좋은 시간을 보낼 수 있게 되어 기쁩니다. 저는 독일의 철학자 칸트입니다. 아, 여기저기서 '멋있다' '미남이다' 하는 소리가 들리는데 그러지 마세요. 어쩐지 저한텐 맞지 않는 옷 같아서 부끄럽고 부담스럽네요. 하하."

철학자의 유머러스한 말솜씨에 강의실 분위기는 한껏 달아올랐다.

그렇다. 그는 18세기를 대표하는 독일 고전 철학의 선도자 칸트였다! 연아가 어렴풋이 알아볼 수 있었던 건 일전에 텔레비전에서 봤던 세계 여행 프로그램 때문이었다. 칸트가 생활했다던 도시를 보여준 적이 있었는데 그때 '철학자의 길'이 나왔다. 칸트가 산책했다기에 더욱 관심 있게 봤다. 칸트는 뭔가 주변 사람들의 시선을 끄는 묘한 매력이 있었다. 게다가 연아가 감동적으로 봤던 영화 「오만과 편견」 속 훈남 주인공인 미스터 다아시와 아주 흡사했다.

"자, 농담은 여기까지! 이제 오늘의 주제로 들어갑시다. 어제는 플라톤 선생님의 강의가 있었다고 들었습니다. 여러분은 정말 행운아들입니다. 대대손손 존경받는 철학자를 만났으니까요. 그가 제시한 이념은 철학계를 뒤흔들기에 충분했습니다. 저도 개인적으로 많은 자극을 받았지요. 저의 이성 철학과 플라톤의 이데아는 비슷한 점이 아주 많습니다. 플라톤부터 시작된 철학자들의 이성에 대한 탐색은 감각기관에 의한 인지를 의심하면서 이미 시작됐습니다. 이 점에 대해서는 저도 매우 동감합니다. 제가 살았던 시기의 유럽 철학은 합리론과 경험론의 논쟁이 뜨거웠습니다. 플라톤 같은 이성주의자들은 인간의 마음이 모든 지식의 기초라고 생각했던 반면, 경험주의자들은 이 세계에 대한 우리의 지식이 감각에서 비롯된 것이라고 생각했습니다. 여러분은 어느 쪽을 지지하시나요?"

그때 평소 칸트 철학에 관심이 있던 민수가 손을 살짝 들며 말했다.

"당시 문화나 환경을 고려하면 사람들의 논쟁이 이해돼요. 하지만 지금의 우리한테 물으시면 대부분은 문답을 통해 변증법적인 방식을 취하지 않을까요? 상황이 그때 같지만은 않을 테니까요. 어쨌든 우리는 문제를 논리적으로 어떻게 볼 것인지 이미 알고 있으므로 답은 당연히 순수이성의 인식론과 경험론 모두 제한적인 것이라고 답할 겁니다. 모든 일에 양면성이 있는 것처럼 이 세상도 본질적으로 모순이 존재한다고 생각합니다."

민수의 의견에 동의하듯 일제히 고개를 끄덕였다.

"하하하, 맞습니다. 저도 그렇게 생각합니다. 합리주의자와 경험주의자 모두 일부는 옳고, 일부는 틀립니다. 그러나 이 세계를 인간이 어떻게 인식하는지에 대해서는 둘의 관점이 서로 같다는 겁니다. 저는 이 세계에 대한 지식은 감각과 이성을 통해 동시에 얻을 수 있다고 봅니다. 인식은 반드시 경험에서 비롯된 것이라는 점에 동의하지만, 인간의 이성에 의해 도출된 판단이라는 점도 부인할 수 없습니다. 그런데 합리주의자는 이성적 사유에만 너무 치중하고, 경험주의자는 감각적 경험만을 지나치게 중시하지요. 그래서 둘 다 객관적이지 않다는 겁니다. 한 가지 예를 들어볼까요?"

칸트는 쉽게 예시를 들며 설명했다.

"마음이 울적하거나 몸이 아플 때는 눈앞에 그림 같은 풍경이 펼쳐진다 해도 기쁘거나 즐거운 마음이 전혀 들지 않습니다. 오히려 더 우울해질지도 모르지요. 아무리 아름다운 것이라도 그 아름다움을 객관적으로 받아들이기는커녕 자살 충동이 일 수도 있습니다. 그런데 반대로, 기분이 아주 좋고 마음이 들떠 있는 여행자라면 어떨까요? 길가에 핀 작은 꽃 한 송이에도 흥분하며 신 나서 사진 셔터를 눌러댈 겁니다. 하나하나 다 기억하고 모두 기록으로 남기려고 하겠지요. 이처럼 우리의 이성과 경험은 모든 상황에서 반드시 절대적이라고 말할 수는 없습니다."

칸트는 잠시 목을 축인 후 강의를 이어갔다.

"그렇다면, 도대체 문제의 핵심은 무엇일까요? 인간의 인식 능력에는 어떠한 비밀이 숨어 있는 걸까요? 사실, 문제의 관점은 무엇을 인식하느냐가 아니라 지식을 인식한 주체가 누구냐에 있습니다. 즉 무엇을 알고 있는지가 아닌, 무엇을 알 수 있는지를 물어봐야 한다는 겁니다. 왜냐하면 인간 주체의 조건이 그가 인식할 수 있는 대상을 결정하기 때문입니다. 우리는 감성, 오성, 이성 등 세 가지 능력으로 대상을 파악할 수 있습니다. 감성은 외적 사물의 자극을 통해서 사물의 각종 현상을 받아들이고, 오성은 이런 감성이 제공한 재료를 통합해 응용한 것이지요. 그리고 이성은 추리로 논리적인 사고를 하는 역할을 맡습니다. 좀 더 쉽게 설명해볼까요? 저는 경험 이전에 '선험'이 존재한다고 생각합니다. 다시 말해 경험 전 이미 인식이 있다는 겁니다. 인식은 경험과 주체의 선험 조건이 보태어진 종합적인 산물이지요. 외부 자극을 받아야 경험의 내용이 생기고 외적 사물의 존재를 확인할 수 있기 때문입니다. 하지만 과거에 탐구하던 형이상학적 문제, 가령 우주의 무한함, 신의 존재, 영혼의 불멸 등에 대해서는 감각 자극으로 경험적 지식을 얻을 수 없습니다. 그래서 실제 자극으로 얻을 수 없지만 진짜 존재하는 사물의 본질은 인간이 인식할 수 없는 '물자체物自體' 세계로 봅니다. 이 물자체에 대해 인간은 사고나 사색을 할 수는 있지만 결론적으로 정확하게 인식할 수는 없습니다. 영혼은 정말 불멸하는 것일까요? 신은 실제로 존재할까요? 이런 논제는 애당초 우리가 명확하게 답을 도출할 수 없는 것들입니다."

여기까지 들은 학생들이 천천히 고개를 끄덕였다. 대부분 칸트의 관점에 동의하는 듯했다.

"따라서 인간의 인식 능력에 대해서 우리는 그 지식을 인식하는 주체의 능력과 조건을 고려해야 합니다. 이성과 경험을 가지고 독단적으로 판단할 수 없다는 거지요. 간혹 저도 인식이 물자체의 표상일 뿐이라고 생각할 때가 있습니다. 표상의 배후에 있는 본질은 신비로운 불확실성으로 넘쳐납니다. 인간의 인식은 어느 정도로 국한되어 있고요. 그렇다고 해서 형이상학을 지식의 범주에서 빼고 세계를 탐구한다면 우리는 아마 그 어떠한 결론도 도출해내지 못할 겁니다. 그저 아까운 시간만 낭비하는 거지요."

'시간과 공간'이라는 인류가 쓴 안경

"앞서 선험의 개념에 대해 잠시 말했었는데요. 선험이란 말 그대로 경험하기 전 인식하는 걸 가리키지만 그 경험에 작용하기도 합니다. 인간은 어떠한 경로, 탐색이나 관찰을 통해 선험을 얻고 그 속에서 해당 분야의 지식을 획득합니다. 마치 우리가 직접 접촉한 적은 없지만 추리와 귀납으로 그것에 대한 결론을 낼 수 있는 원리와도 같습니다. 흔히 주변에서 볼 수 있는 파리의 경우를 예로 들어볼까요? 파리는 자기의 겹눈을 직접 볼 수 없습니다. 그래서 당연히 겹눈에 대한 경험이 없지요. 하지만 그 겹눈 때문에 파리는 인간이 보는 것과는 또 다른 세계를 경험합니다. 더불어 우리는 그 겹눈을 가진 파리를 통해 파리의 감각기관을 인식하는 경험을 얻습니다. 이 경험적 지식을 이용해 연구를 하기도 합니다."

칸트는 말을 멈추고 강단 맨 앞자리에 앉은 민수 앞으로 가 섰다.

"제가 지금 여기 앞에 있는 학생한테 검은색 선글라스를 주고 이 교실을 보라고 한다면 어떨까요? 이 학생 눈에는 세상이 까맣게 보이겠지요. 그리고 다시 빨간색 선글라스를 준다면, 이 세상은 빨간색으로 보일 겁니다. 그럼 학생, 질문 하나 할게요. 학생은 사람들에게 '세상은 까맣거나 빨갛다'고 말할 건가요?"

"에이, 그럴 리가요. 그렇게 말하고 다니면 아마 모자란 녀석쯤으로 놀림받을걸요. 킥킥."

민수가 어처구니없다는 표정을 지으며 장난스럽게 받아쳤다.

"그렇겠지요. 이 세상을 까맣거나 빨갛게 보았다고 해서 실제 세계의 상태를 부정하지는 않을 겁니다. 왜 그럴까요? 경험주의자의 관점에서 볼 때, 우리는 어떤 감각에 따라 경험적 인식을 획득하지 않나요? 그런데 왜 감각한 사물에 따라 대답하지 않기도 하는 걸까요? 그것은 이성이 우리가 획득한 경험에 질서를 부여하기 때문이에요. 우리는 종종 우리가 본 사물이 우리에게 시간과 공간에서의 한 현상으로 인식된다는 점을 간과하곤 합니다. 인간에게는 이 두 가지 '직관의 형식'이 모든 경험에 앞서 존재합니다. 인간의 의식 중에 이 형식들이 존재하기 때문에, 어떤 사건의 경험이 발생하기 전에 우리가 감각한 모든 사건은 시간과 공간 속에서 발생한 현상이라는 것을 알 수 있는 겁니다. 이는 곧 인류가 영원히 벗지 못하는 '안경'과도 같습니다."

칸트는 두 손으로 동그랗게 안경 모양을 만드는 시늉을 했다.

"선생님! 음, 이렇게 이해하면 훨씬 쉽겠네요. 인간이 시간과 공간의 선천적 직관 조건을 타고났다고 말한다면, 이건 경험주의자의 생각을 반박한 것 아닌가요? 경험주의자들은 인식의 바탕이 경험에 있다고 보니까요."

소미였다. 이번에도 뭔가 크게 깨닫고 있는 듯했다. 소미는 어제 플라톤의 결혼에 대한 철학 수업을 듣고 경험한 이후로, 결혼을 너무 무겁게 생각하지 않게 되었다.

"일리 있네요. 우리가 어디에서 태어났든 그 출생지와 상관없이, 우리가 체험하는 세계는 같은 시간과 공간 속 과정에서 계속 발생합니다. 당장 낮에서 밤으로 바뀌고 사계절이 순환한다는 사실을 우리가 미리 알 수 있는 것과 같지요. 시간과 공간은 물질 세계의 속성일 뿐만 아니라 인간의 인식이 가진 선천적인 조건입니다. 그런데 인간이 존재하지 않는다면 시간과 공간은 어떤 의미일까요?"

칸트의 갑작스런 질문에 학생들은 당황하면서도 놀랐다. 몇몇 학생이 여기저기서 자신의 의견을 털어놓았다.

"시간과 공간이 결국 주관적인지, 아니면 객관적인지에 달린 게 아닐까요?"

"인간이 존재하지 않는다면 그것들도 존재하지 않아야 하지 않나요?"

칸트는 학생들에게 잠시 조용해달라는 듯 손짓을 하더니 강의를 이어가기 시작했다.

"여러분, 제 말을 오해하지 마세요. 저는 시간과 공간에 이중성이 있다는 걸 말하려 한 겁니다. 한편으로는 사물의 존재와 발전의 조건을 만들어주기도 하지요. 그건 모두가 아는 물리적인 사실입니다. 그런데 인식의 관점에서 본다면 어떨까요? 그것들의 존재와 발생 작용은 인간의 인식 구조에 의존하게 됩니다. 시간과 공간은 곧 감각 대상이 나타나는 무대의 조건 기준으로, 우리는 그 전제와 기초를 인식하고 대상을 파악합니다. 제가 볼 때 인간의 마음은 수동적으로 외부 자극을 받아 사물을 감각하고 인식하는 것이 아니라 오히려 주체적으로 새로운 사물을 만들어냅니다. 자, 우리는 기후 변화가 크지 않아도 가을이 왔다는 걸 알잖아요. 우리의 이성이 계절의 변화를 알려주니까요. 하지만 기러기는 다릅니다. 기러기들은 자신의 본능에 의존해 남쪽으로 이동할 시점을 압니다. 애초부터 그들에게 가을이라는 개념은 없으니까요. 이것이 바로 동물과 인간의 차이점입니다. 시간과 공간은 그래서 인간이 가질 수 있는 조건입니다."

칸트, 인간이 타고난 이성에 대해 말하다

"다음 논점을 얘기하기 전에 재미있는 실험을 하나 해보겠습니다. 민수 학생! 옆 통로에 공이 하나 있네요. 보이나요?"

칸트의 말이 끝나자마자 민수는 고개를 돌려 바닥을 내려다보았다. 정말 발밑에 고무공이 하나 있었다. 민수는 이게 어디서 굴러 들어온 건지 궁금해 뒤를 힐끗 쳐다봤다.

"이쪽! 저기 학생! 아, 출석부에 이름이 없네요. 뭐, 상관은 없습니다. 뒤돌아서 한번 고양이를 보세요."

고양이? 연아는 칸트의 지목에 깜짝 놀라 뒤를 돌아봤다. 거기엔 새끼 고양이 한 마리가 있었다. 고양이는 공이 보이자 민첩하게 발톱으로 공을 낚아채면서 폴짝폴짝 신 나게 놀기 시작했다.

모두 영문을 모르겠다는 듯이 서로 얼굴만 쳐다보고 있을 때 칸트가 다시 말했다.

"자, 어떤가요? 모두 같은 상황을 보고 있었습니다. 민수 학생을 포함한 여러분의 반응은 어땠나요? 고양이와는 전혀 달랐죠? 민수 학생의 첫 번째 반응은 저 공이 굴러 들어온 원인을 찾는 것이었습니다. 반면 고양이는 공 자체에만 관심을 보였을 뿐 공이 어디서, 왜 온 건지에 대해서는 전혀 관심을 두지 않았지요. 이것이 바로 인간과 동물의 차이입니다. 이제 쉽게 이해되나요? 인간의 마음속에는 인과율이란 것이 깊게 뿌리박혀 있습니다. 모든 일은 어떤 원인에 의해서 결과가 발생했다고 생각하는 거지요. 하지만 인간이 감지하지 못하는 세계도 있는데 자신의 인식 정도에 따라 그 세계를 이해할 수 있습니다. '그것'에 대해 모른다고 할지라도 우리는 '그것'을 어떻게 인식할지, 또는 '그것'을 어떻게 이해하고 바꿔 생각할지 잘 알고 있습니다. 다시 말해 인간은, 매번 경험하기 전에 마음이 사물을 어떻게 인식해야 하는지를 이미 알고 있습니다. 그래서 우리는 자연스럽게 고개를 돌려 공이 어디서 왔는지부터 확인하는 겁니다."

"그럼 우리는 왜 이런 특수한 반응을 보이는 건가요?"

수연이었다. 수연은 원래 단 1분이라도 수업이 늦게 끝나는 걸 참지 못하는 성격이었다. 그런데 철학 수업만큼은 일찍 끝나는 걸 누구보다도 아쉬워했다. 수연에게 이 수업은 유일한 안식처였다.

"좋은 질문입니다. 왜 인간만 그럴까요? 바로 인간의 이성 때문입니다. 인과율이라는 것은 이성의 특징입니다. 인간의 이성이 사물의 원인과 결과를 감지하기 때문에 인과율은 결국 비물질 세계에 존재하는 법칙이라고 볼 수 있습니다. 이는 우리 마음속에 존재하는 것이고, 우리가 사물을 인식하는 방식이며, 절대적이고 불변하는 것이지요. 어떤 사물이든 사건이든 다 그만한 발생 이유가 있기 마련입니다. 이 점은 누구도 부인할 수 없는 사실이지요."

칸트가 동의를 구하는 듯 청중을 둘러보았다.

"앞서 제가 말한 형이상학의 문제는 인간이 이해할 수 있는 정도를 초월하기 때문에 지식의 범주에서 뺐습니다. 하지만 여기서 잠시 그 문제를 가지고 다시 이야기해보려고 합니다. 우리가 이런 문제를 영원히 인식할 수 없는 것은 문제의 원인을 찾을 수 없기 때문입니다. 감각과 이성은 우리가 세계를 인식할 때 영향을 끼치는 요소들입니다. 우리는 감각 경험을 이성적 지식으로 통합해 경험 속에 보관하지요. 가장 중요한 전제는 이성의 인과 특성에 반드시 맞아야 한다는 겁니다. 예컨대, 공이 당신의 뒤에서 굴러 들어오는 것을 봤는데 엉뚱하게 앞을 보면서 그 원인을 찾지는 않을 겁니다. 우리 영혼이 영원한지, 신이 정말 존재하는지와 같이 감각 경험으로 처리할 수 없는 문제는 이성에 의해 '경험의 정지'를 알릴 수밖에 없습니다. 우리는 우주의 실상을 체험한 적이 없으므로 그와 관련된 경험을 통합할 수 없습니다. 자, 결론적으로 모든 사물의 발생은 인과법칙을 따릅니다. 이런 법칙은 인간의 마음에 존재하는 것이므로 사물도 마음의 '형상'에 순응합니다. 인간이 사물을 인식하는 것은 사물을 관찰하고 경험을 얻는 것처럼 간단하지 않습니다. 인식 원리를 물체에 적용하기 때문인데요. 이게 바로 선험주의의 인식 원리입니다. '관찰' 후 재정립한 질서 속에서 경험이 시작되는 겁니다. 이것이 인식론에 대한 저의 주요 관점입니다."

양심은 감정이 아닌 이성의 선의지

"인식론의 문제를 해결하고 나서, 저는 또 도덕적인 측면에서 실천의 문제를 생각하기 시작했습니다. 그리고 저만의 윤리학을 정립했지요. 그럼 이제부터는 이 문제에 대해서 자세히 설명하도록 하겠습니다. 저의 윤리학은 인간의 새로운 도덕관을 제창합니다. 윤리학이지만 출발은 이성에 관한 저의 이론에서부터였습니다. 영국의 경험주의 철학자 흄은 '우리는 무엇이 옳은지 그른지를 영원히 증명할 수 없다. 옳고 그름을 결정하는 것은 이성과 경험이 아니라 감각이다'라고 했습니다. 하지만 저는 그렇게 생각하지 않습니다. 저는 옳고 그름에 명확한 차이가 있다고 생각하며, 다수의 이성주의자 관점에 동의하는 쪽입니다. 옳고 그름을 판단할 수 있는 능력은 인간이 천부적으로 타고난 것 아닌가요? 이성이 존재하잖아요. 모든 사람에게는 고유한 도덕적 관념, 옳고 그름을 판단할 수 있는 지혜, 즉 '실천이성'이 있습니다."

"선생님의 설명을 듣자니 새롭게 다가오는 것이 있어요. 특히 옳고 그름을 판단하는 지혜가 인간의 타고난 속성이라는 말씀이요."

수연이 무심히 자기 생각을 툭 말했다.

"네, 사실 옳고 그름을 판단하는 능력은 우리가 사물을 감지하는 인과관계와도 같습니다. 우리도 일반적인 도덕법칙(도덕률)을 감지할 수 있잖아요? 우리의 도덕의식 중에서도 이것은 가장 기본적이며 절대적인 법칙입니다. 하지만 이 법칙은 우리가 일상생활에서 부딪히는 교통법규 같은 것과는 다릅니다. 내용이 없고 '형식'으로만 존재합니다. 다시 말하면, 그것은 어떤 특정한 상황이 없고 시간과 공간의 제약을 받지 않으며 옛날부터 지금까지 모든 사회와 사람에게 적용된 법칙입니다. 따라서 특정 상황에서 여러분이 무엇을 해야 하는지를 알려줍니다."

이때 수연이 이해되지 않는다는 표정으로 질문했다.

"그런데, 선생님. 만약 이 법칙이 저한테 어떤 상황에서 어떻게 해야 하는지를 알려줄 수 없다면, 그래도 효용이 있는 걸까요?"

그러자 칸트가 자세히 대답하기 시작했다.

"아, 수연 학생. 제가 말한 법칙은 '정언 명령'이라는 점을 강조하고 싶군요. 정언에 상대되는 가언의 개념에 대해 다들 알고 있지요? 예컨대 가언은 '만약 …한다면 …하라'는 식의 조건문을 말하지만, 정언은 일반적인 진술로 명령식이며 강제성을 띠고 있습니다. 정언 명령은 조건이 없는 명령이며 절대권위의 법령입니다. 이렇게 설명하면 이해가 될까요? 소위 말하는 '만약 …한 상황에 부딪혔을 때에는 반드시 …해야 한다'의 가언과는 전혀 다른 것이 정언입니다. 도덕법칙 앞에서 자유롭게 행동하는 건 결코 쉬운 일이 아닙니다. 자기 마음 가는 대로 좋아하는 일을 한다면 이성적으로 볼 때 진정한 자유인이 아닙니다. 진정한 자유는 자신이 해야 할 일을 할 때 비로소 오는 겁니다. 다른 사람이 여러분에게 무언가를 해야 한다고 말했을 때 하는 거라면 진짜 자유롭게 행동하는 게 아닐 수도 있으니까요. 자기의 자유를 위해 다른 사람의 자유를 침범해서는 더더욱 안 되겠지요. 그래서 우리는 어떤 일을 도모하기 전에 똑같은 상황에서 다른 사람도 그런 행동을 하는지 한 번 더 생각하게 되고 마음속 도덕법칙에 따라 행동하려고 합니다. 그러므로 정언 명령의 의미는 모든 사람을 존중한다는 뜻이지, 상대방을 어떤 목적을 달성하기 위한 수단으로 본다는 의미가 아닙니다. 마찬가지입니다. 상대방 역시 이익 때문에 자기를 이용할 수는 없는 법입니다."

"'내가 싫다면 남도 싫은 것이니 강요하지 말라'는 말이 떠오르네요. 우리가 지금 논의하는 건 개인의 양심에 대한 문제라는 생각이 들어요. 사람이라면 모두 양심을 갖고 태어나니까요."

오늘따라 적극적으로 수업에 참여하는 수연이었다.

"네, 맞습니다. 양심이 우리에게 알려주는 일을 증명할 수는 없지만 우리가 그 존재를 잘 아는 것처럼, 사실 불변의 진리인 도덕법칙도 이성적으로 증명할 수는 없겠지요. 그러나 그것은 여전히 절대적이고 변하지 않는 실재입니다. 누구도 부인할 수 없는 사실이지요. 그런데 어떤 행위가 이익을 가져다준다거나 다른 사람에게 인기를 얻기 위한 목적으로 행해진다면, 그건 진정으로 도덕법칙에 따라 행동했다고 볼 수 없을 겁니다. 물론 도덕법칙을 위반한 건 아닙니다. 진정한 도덕 행위란 자신의 순수한 의무감과 책임감으로 한 행동입니다. 자신의 선의지(양심)에 따라 의무적으로 행동하는 자율이 바로 도덕입니다."

"그래서 선생님의 윤리관을 '의무론적 윤리설'이라고 부르는 건가요?"

수연은 수업이 곧 끝날 것이라 직감하고 서둘러 질문했다.

"맞아요. '선의지의 윤리학'이라고도 하지요. 좀 극단적이긴 하지만, 만약 수연 학생이 후원하는 고아가 커서 살인범이나 마약 중독자가 되었다고 칩시다. 그래도 수연 학생은 도덕법칙을 준수한 겁니다. 그 행위 자체는 선의지에서 나왔던 거니까요. 행위 결과와는 아무 상관이 없습니다. 이제 다들 이해되나요?"

"네!"

소리 내 대답하는 사람들이 있는가 하면, 고개만 끄덕이는 사람들도 있었다. 칸트는 흐뭇한 미소를 띠며 말했다.

"좋습니다. 자, 오늘 수업은 여기까지 하지요. 늦은 시간까지 정말 고생 많았습니다. 모두 즐거운 밤 되십시오."

이 말을 끝으로 칸트는 재빨리 교실을 빠져나갔다. 힘이 넘치는 그의 발걸음에 중년의 모습이라곤 찾을 수 없었다.

연아도 가방을 정리하고 교실 밖으로 나왔다. 이때 소미가 불쑥 다가왔다. 연아가 휘둥그레 쳐다보자 소미는 웃으며 물었다.

"출석부에 이름이 없다던 사람이 너였지? 등록 안 하고 나중에 온 거야?"

"아, 응. 그냥 우연한 기회에 오게 됐어."

"우연이라……. 그래, 이것도 인연인데 우리 앞으로 친하게 지내자. 난 소미라고 해. 알고 있지?"

소미는 반갑게 손을 내밀었다.

"응, 학교에서 본 적 있어. 난 연아야."

연아는 미소를 지으며 소미가 내민 손을 맞잡았다. 두 사람은 곧 골목을 벗어났다.

헤겔 선생님,
인류와 세계는 발전하고 있나요?

▶▶ 헤겔이 대답해주는 '진리' 이야기

이 세상에 인류가
추구해야 할 영원한
진리라는 것이 있을까요?

 전 있다고 생각해요. 최소한 제가 손에 들고 있는 노랗고 둥근 것이 귤이라는 건 진리잖아요.

 그리 간단한 문제가 아닌 것 같습니다. 당시엔 진리라 믿었던 신념을 뒤집고 새로운 진리를 세우기도 하니까요.

 맞아요. 지금 그것이 귤이라는 것도 영원한 진리가 아닐 수 있어요. 노랗고 둥근 다른 것도 있으니까요.

▶▶ 생각해보기 ◀◀

역사가 흘러감에 따라 진리가 달라질 수 있다면,
인류는 무엇을 추구하며 살아야 할까?

오늘은 아침부터 하늘빛이 너무 어두웠다. 우중충 흐린 하늘은 오후가 되자 곧 억수 같은 비를 몰고 왔다. 궂은 날씨 탓인지 종례가 짧게 끝났다. 담장 너머에는 하교 시간에 맞춰 교문 앞에 나온 학부모들도 있었다. 우산 없이 삼삼오오 떼 지어 운동장을 가로지르며 뛰어가는 친구들도 있었다. 연아는 반 친구와 함께 우산을 나눠 쓴 채 여느 때처럼 수다를 떨며 정류장으로 터벅터벅 걸어갔다.

정류장에 다다랐을 때쯤, 빗줄기는 가늘어지고 있었다. 갑자기 내린 비 때문인지 버스를 기다리는 사람이 평소보다 많았다. 신발도 질척거렸고 교복 치맛단에도 빗물이 튀어 엉망인지라 슬슬 짜증이 나려던 참에, 철학 수업이 있는 동네로 향하는 버스가 정류장에 들어섰다. 연아는 급히 친구에게 "안녕!" 하고 외치며 부리나케 버스에 올랐다. 뒤에서 "야! 그 버스는 너희 집으로 가는 게 아니잖아!"라고 소리치는 친구의 목소리가 들려왔지만 개의치 않았다.

연아는 종종걸음으로 강의실 건물 입구에 도착했다. 그때 맞은편에서 헉헉거리며 달려오는 소미와 마주쳤다. 두 사람은 반갑게 눈웃음을 나누며 옷에 묻은 빗물을 털어냈다.

"아까 버스에서 내렸을 때는 비가 안 왔는데, 갑자기 막 쏟아졌어!"

"그러게. 호랑이 장가가는 날인가? 무슨 날씨가 변덕이 심하지?"

"하하하, 이러다 우리 둘 다 지각하겠다. 우산이 잘 안 접히네. 어서 들어가자."

날씨 때문인지 출석률이 낮았다. 지금은 직장인들의 퇴근 시간인 데다 비까지 드문드문 내리고 있었다. 20분쯤 흘렀을까? 학생들이 속속 도착하기 시작했다. 모두 오늘의 선생님을 기대하는 눈치였다. 반투명한 유리창 밖으로 다가올 실루엣을 목이 빠져라 기다렸지만 철학자는 나타날 기미가 보이지 않았다. 연아는 속으로 생각했다.

'설마 선생님도 오늘 지각인 건가?'

그때였다. 교실 문이 벌컥 열리며 다급한 말소리가 들려왔다.

인류와 세계는 항상 발전할까?

"하, 거의 다 와 있었군요. 지금부터 수업을 시작하겠습니다. 이런 날씨에 수업이라니! 기억에 오랫동안 남겠군요."

사뭇 엄숙한 표정의 노인이 강단에 올라섰다. 학생들은 어안이 벙벙했다. 그러자 노인이 웃으며 인사했다.

"아, 미안합니다. 제 등장에 꽤 놀랐나 보군요. 오해하지 마십시오. 그저 신비로운 느낌으로 등장하고 싶었을 뿐입니다. 자, 그럼 제 소개를 할까요? 전 독일의 철학자 헤겔입니다."

소개를 듣자 학생들은 그의 말을 이해했다. 신비주의로 유명한 철학자,

헤겔이었다.

"철학자라면 '세상의 모든 사물은 어디에서 오는 것인가?'라는 문제에 대해 한 번쯤 고민했을 겁니다. 사물의 근원·개념·이념 등의 문제에 대해서도 생각이 서로 다른 철학자들이 끊임없이 논쟁하곤 하지요. 오늘은 여러분과 이 '본질'의 문제에 대해 자세히 이야기해보고자 합니다. 도대체 실체의 본질은 무엇일까요? 실체와 주체는 어떤 관계일까요? 일반적으로, 사람들은 실체란 실제로 존재하는 객관적인 사물과 대상이라고 생각합니다. 다시 말해 '존재'라는 꼬리표가 붙어 있는 모든 것을 실체라고 여기지요. 하지만 실체는 그 모든 존재를 총괄할 수 없습니다. 예컨대 백마를 봤다고 해서 모든 말을 백마라고 할 수는 없지요. 하얗다는 특징만을 가지고 말을 정의하지는 않잖아요. 말은 일단 어떤가요? 초식성 포유동물이지요. 이는 모든 말의 공통점이자 말이라는 주체의 특징입니다."

"선생님, 말씀 중에 죄송하지만 질문 있습니다."

민수였다. 오늘따라 민수는 날카로운 눈빛을 띠고 있었다.

"실체의 존재가 그 주체의 특징에 부합하지 않더라도 우리는 그것을 주체에 포함시키는 경우가 있잖아요. 예를 들면 꼬리가 잘렸거나 다리 또는 귀가 하나밖에 없어도 우리는 그 실체가 말이라는 것을 구분할 수 있는 것처럼요. 그건 어떻게 설명할 건가요?"

헤겔이 미소를 띠며 답변했다.

"그건 주체와 실체 사이의 연관성 때문입니다. 그 질문에 가장 적절한 답은 '실체는 주체다'라고 할 수 있겠네요. 저의 중요한 철학 이론이기도 하고요. 실체는 정지한 단일체입니다. 움직이지 않고 정지해 있는 실체 자체는 운동을 일으키려고 하지요. 한편 주체는 정신입니다. 관념 혹은 개념 같은 거라고 볼 수 있지요. 이런 관념이나 개념은 현실에서 실제로 존재하기는 어렵습니다. 완전무결한 것은 실현되기 힘든 법이니까요. 제가 '실체는 주체'라고 한 것은 실체가 존재하는 것 자체로 운동의 힘을 일으키기 때문입니다. 즉 존재와 순수의 부정성否定性이라고 설명할 수 있겠네요. 더 깊게 생각해보면 주체는 실체가 발전한 것이고, 실체에 포함된 내재적 동력으로 그것이 주체가 되어 자기를 부정하며 결과로서 존재하는 겁니다. 이것이 바로 '부정성의 힘'입니다. 한편으로 주체는 그 주관성과 추상성을 버려야 한다는 점을 강조하고 싶군요. 인간 자신이든, 물질적 사실이나 관념이든 모두 창조성의 근원이 됩니다. 이러한 창조성은 외부 매체나 자극의 도움 없이도 주체 자신이 혁신을 통해 실체를 창조하고 새로운 의식을 형성하며 의식을 통해 끊임없이 완성해갑니다. 이와 같은 과정으로, 세계의 운동 발전도 합리적인 해석을 얻어낼 수 있을 겁니다."

"세계의 운동 발전은 또 어떻게 설명해야 하나요?"

노신사가 참지 못하고 끼어들었다. 그는 매번 수업에 빠짐없이 나오는 듯했다. 헤겔이 대답했다.

"아주 간단합니다. 인류 사회나 자연환경 등 각 영역의 인식 발전과 진보는 모두 우리가 자신의 인식을 기반으로 끊임없이 혁신하고 개조한 후에 새로운 인식을 형성하고 또 새로운 영역을 개척하는 겁니다. 우리가 주체를 창조하고 나아가 실체를 풍부하게 하면서 우리의 인식도 풍부해집니다. 그렇지 않나요?"

헤겔은 계속해서 강론을 펼쳤다.

"제가 자주 쓰는 노예와 주인의 변증 관계로 '자의식' 발전의 문제를 설명해볼까요? 과거 사회는 투쟁이 주였습니다. 그 결과 노예를 부리거나 타인을 지배해 자신이 세운 목적을 달성하려 했지요. 이때 주인은 일하지 않고 여가를 즐겼습니다. 반면 노예는 주인의 몸종으로 열심히 일하면서 살았습니다. 결국 어떻게 됐나요? 더 많은 주인들이 더 즐기기 위해 더 많은 사람을 노예로 부렸습니다. 주인과 노예, 이 두 계급은 이렇듯 존중 없이 조화롭지 않은 정신 상태에 놓여 있습니다. 주인 앞에서 노예는 자신의 존재를 외재적인 것, 혹은 자기와 상관없는 것이라 생각합니다. 공포 속에서 그는 자기 존재가 주인에게 속해 있거나 주인 앞에 드러낼 수 없는 것이라고 느낍니다. 그러나 스스로 일을 하면서 자신의 존재는 오로지 자신만의 것이며, 그 자체가 자유롭게 존재하고 있다는 걸 의식하기 시작합니다. 그래서 어떻습니까? 노예는 주인에게 의존하던 의식에서 점점 독립적인 의식으로 발전하고, 주인은 노예가 노동으로 제공한 각종 향락에 만족해 있으므로 본래 독립적이던 의식도 점차 노예에 의존하는 의식으로 전환됩니다. 이해되나요? 결국 주인과 노예의 관계는 기적처럼 역전되는 거지요. 주인이 노예가 되고, 노예가 주인이 된 겁니다."

모두 고개를 끄덕이며 선생님을 바라봤다. 헤겔이 다시 입을 뗐다.

"주인과 노예, 주체와 실체는 대립 속에서 변증법적 통일에 도달합니다. 주인은 점점 깨닫게 됩니다. 주인이 있어야 노예가 있는 것이 아니라, 노예가 주인을 자신의 주인으로 인정할 때 비로소 진짜 주인이 될 수 있다는 점을요. 이를 깨닫고 나서부터 남을 지배해 자신의 생각을 실현하려던 사람은 스스로 자신의 방식을 평가하며 자립적인 사람으로 변하려고 합니다. 이런

자의식이 계속해서 이뤄지면 어떨까요? 양쪽 모두 구속된 상태라도 서로 타협하고 존중하는 사회, 즉 조화로운 사회로 전환됩니다."

영원한 진리에 도달하는 법

헤겔은 엄숙한 표정을 지으며 다시 강의를 시작했다.

"시작하기 전에 질문 하나 하겠습니다. 여러분은 이 세상에 영원한 진리가 있다고 생각하시나요? 명확한 사례를 들어서 대답해주면 더 좋겠군요."

"전 있다고 생각해요."

또 민수였다. 역시 반응이 빨랐다.

"생활 속에서 이런 진리는 너무나도 많잖아요. 예를 들면 음, 제가 손에 들고 있는 이 귤은 노란색이고 둥글다는 것, 이건 진리이지 않나요? 아닌가요?"

그러자 이번에는 노신사가 복잡한 얼굴로 답했다.

"그렇게 간단한 문제가 아닌 것 같습니다만……. 자세히 생각해보면 역사상 수많은 진리에는 그 발전 과정이 있었어요. 일부 이념은 당시 침범할 수 없는 진리로 봉해지기도 했지만 나중에 사람들이 그 사실을 뒤집고 현재의 진리를 세웠지요. 그래서 진리는 영원하다고 볼 수 없어요. 우리가 죽고 오랜 시간이 지나면, 지금 우리가 진리라고 믿는 신념도 뒤집어지지 않을까요? 그 이후까진 저도 잘 모르겠네요."

이때 헤겔이 중재에 나섰다.

"좋습니다. 적극적인 대답들 고마워요. 방금 어르신이 '진리라고 믿는 신념'이라고 말씀하신 부분이 꽤 인상적이네요. 진리의 영원성에 관해 지금부터 이야기해볼게요. 저는 진리의 정신성과 실존성을 탐구했습니다. 도대체 진리가 정신성인지, 아니면 실제로 외부 세계에 존재하는 것인지 궁금했거든요. 진리는 우리가 바꾸거나 의심할 수 없는 사실적 존재로 여기는 것입니다. 진리라는 말 자체가 불가변성을 의미합니다. 여러분도 그렇게 생각하시나요? 그런데 왜 진리를 신념으로 설명한 걸까요? '신념'은 사실 주관적인 겁니다. 인간의 마음에서 비롯된 경건한 믿음이지요. 그렇다면 이렇게 설명하는 건 어떨까요? 진리이기 때문에 우리는 절대적으로 믿으며, 우리가 진리를 신념으로 받들면 영원히 진리를 배반하지 않는 거라고요."

노신사가 고개를 끄덕여 보였다.

"아까 민수 학생이 귤을 예로 들었더군요. 손에 든 귤은 노란색에, 둥근 형태를 띠고 있지요. 진리입니다. 좋아요. 인정합니다. 그 귤은 존재하는 거지요. 이 사실은 여기 모두가 잘 알고 있습니다. 또 민수 학생의 말대로 직접 본질이 드러나지요. 이것이 진정한 진리입니다. 그런데 잠깐, 민수 학생. 손을 내밀어보세요."

헤겔이 민수의 손에 있던 귤을 내려놓고 바나나를 그 위에 올려놨다.

"자, 지금은 어떤가요? '손에 든 귤이 노랗고 둥글다'는 것이 진리라고 생각하나요?"

그러자 일제히 고개를 저었다. 무슨 의도인지 몰라 머리를 갸우뚱하는 사람들도 있었다.

소미가 침묵을 깨고 말했다.

"지금 보니 민수가 했던 말은 이제 틀린 것 같아요. 귤은 없어졌고 지금 손에는 바나나가 있으니까요. 만약 민수의 손에 노랗고 둥근 귤이 여전히 있다고 누군가 말한다면 전 바로 반박할 거예요. 전 그 귤을 이제 보지 못하니까요. 사실 온전히 둥글지 않거나 덜 익어서 퍼런 귤도 있거든요. 그래서 '귤은 노랗고 둥글다'는 것이 진리라는 주장에 동의하지 않아요."

"네, 바로 그거예요. 아주 좋아요. 우리의 눈은 항상 시야에 들어온 걸 놓치지 않습니다. 반면, 직접 보지 않았을 때는 의심을 하게 되지요. 마찬가지로 직접 본 물건은 쉽게 믿습니다. 귤과 바나나를 예로 든 것은 이런 이해를 돕기 위해서였습니다. 우리는 시야를 넓히는 법을 배워야 합니다. 이 순간, 이 장소에만 국한되어서는 안 됩니다. 경험하지 않았다고 해서 모르는 것이 아닙니다. 물론 보지 않았다고 해서 믿지 않는 것도 아니지요. 경험과 세상의 모든 사물에 대한 인식은 모두 의식의 산물이라는 견해에 동의합니다. 하지만 그 경우는 단일 개체가 아닌 전 인류에 해당하는 말입니다. 온갖 사건과 사물의 배후에는 정신과 이념이 존재합니다. 그리고 우리는 복잡한 현상들 뒤에 숨어 있는 본질을 알아내려고 합니다. 이성으로 끊임없이 발굴하고 생각해야만 계속해서 발전할 수 있습니다. 이전에 '진리'라고 믿었던 사실을 뒤집고 영원한 진리에 접근하며 파악해가야 합니다. 진리는 정신적이면서도 객관적인 것입니다."

"이제야 뭐가 뭔지 이해되네요. 선생님은 진짜 독특한 관점을 가지신 것 같아요."

민수는 자기도 모르게 감탄을 내뱉었다.

헤겔, 역사가 결정하는 진리에 대해 말하다

"저의 관점에 의심을 품는 사람들도 있을 겁니다. 모두가 완벽히 동의할 수는 없겠지요. 괜찮습니다. 이 수업이 다 끝나면 확실히 이해될 거니까요. 철학자는 인류가 인식하는 세계의 기초를 탐색할 책임이 있습니다. 그런데 '시간'을 무시한 채 인간의 지식에 대해 도전을 하거나 인간의 인식이 시간 제한을 받지 않는다고 생각하는 철학자도 있습니다. 정말 그럴까요? 저는 완전히 정반대라고 생각합니다. 시간은 인간의 지식에 아주 큰 영향을 미칩니다. 이 점은 저와 칸트가 동의하고 있지요. 하지만 중요하게 생각하는 지점이 좀 다릅니다. 그가 말한 시간은 인간 개개인이 경험하는 시간이지만, 제가 말한 시간은 '역사'입니다. 그리고 철학이 유일하게 파악할 수 있는 것은 이 '역사'뿐입니다. 중국의 어느 노인이 그랬답니다. '역사는 지식의 원천'이라고요. 그 말을 들었을 때 전 큰 충격에 빠졌습니다. 곰곰이 생각해보니 제 견해와 미묘하게 닮은 구석이 있더라고요. 역사는 지혜의 근원이고 철학은 지혜를 사랑하는 학문이기 때문에, 철학이 파악해야 하는 것은 역사입니다."

노신사는 약간 어리둥절해하며 질문했다.

"역사는 영원히 흐르고 끊임없이 새로워지지 않나요? 어떻게 철학이 이런 유동적인 역사를 파악할 수 있다는 건가요?"

여기에 헤겔이 답했다.

"맞아요. 역사는 끊임없이 새로워지고 있습니다. 하지만 그렇다고 해서 우리가 그것을 파악할 수 없는 건 아니에요. 우리는 이미 식물이 뿌리를 내리면, 싹이 트고 꽃이 피고 시드는 모습을 많이 봐왔어요. 그래서 인간은 눈에 보이지 않는 뿌리 부분이 대체 어떤 모양인지 궁금했지요. 인간은 원하는 결과를 얻을 수 있을까요? 불가능합니다. 왜냐하면 계속 변화하니까요. 뿌리를 잎처럼 주시할 수는 없잖아요. 땅속에 있을 때 뿌리가 어떤 상태인지 궁금한 것 아닌가요? 그게 아니라면 아무런 의미가 없지요. 그럼 어떻게 해야 할까요? 사실 답은 아주 간단합니다. 뿌리는 변합니다. 자라든 썩든 변하게 됩니다. 나뭇잎이 무성할 때의 뿌리가 '실재'라고 말할 수 없듯이, 나뭇잎이 시들어 떨어질 때의 뿌리도 '실재'가 아니라고 말할 수 없지요. 그 후 줄기가 어떻게 변하든 간에 뿌리는 결국 주변의 기후, 수분의 정도, 토양의 영향 등을 받습니다. 뿌리의 생장이 세계 기후 변화의 영향을 받았다는 걸 관찰을 통해 발견할 수도 있고요. 역사는 사실 끊임없이 변하는 나무뿌리와도 같습니다."

한동안 침묵이 흘렀다. 이때 수연이 말하기 시작했다.

"아, 어렴풋이 알 것 같아요. 문제를 볼 때 표면만 보지 말고 모든 요소를 함께 고려해야 한다는 말씀이죠? 결국 역사도 흐르면서 새로워지는 것이니 일부 역사로만 판단해서도 안 된다는 거고요. 우리는 역사의 전체적인 변화가 어떠한지 파악해야 하는 거네요."

헤겔이 흐뭇하게 웃음을 지었다.

"생각의 역사는 이처럼 나무뿌리와 같습니다. 사람들이 볼 수 없는 깊은 곳에 뿌리를 내렸지만 보이지 않는다고 결코 그것을 무시할 수 없는 것과 같지요. 오히려 중요하게 생각해야 합니다. 식물의 생존이냐, 소멸이냐가 좌우되니까요. 우리 일상생활에서 어떤 사상이 절대적으로 맞는 것인지,

또는 터무니없는 것인지를 정확히 판단할 수 있는 방법은 하나도 없습니다. 대개 일시적이며 유한합니다. 다시 말해, 당시 역사적 조건에서는 그 생각이 맞았을 수도, 틀렸을 수도 있는 겁니다. 간단히 예를 들어볼까요? 지금의 여러분은 봉건제가 저급하고 혐오스런 사회제도라고 생각하고 있겠지요. 하지만 당시 노예사회로 돌아가면 어떨까요? 봉건사회를 환영할 겁니다. 이전의 노예제도에 비해 아주 진보적이었으니까요. 아, 더 가까운 예를 들어볼까요? 중국에는 수천 년간 전해져 내려온 '전족'이라는 전통이 있었습니다. 그런데 지금 중국에서 다시 발을 그때처럼 인위적으로 묶는다면 어떻게 될까요? 보나마나 다들 반대하겠지요? 요즘 시대에는 이런 행위가 용납되지 않을 거예요. 그러나 수천 년 전, 아니 몇십 년 전만 거슬러 가봐도 여자들은 작은 발을 자랑으로 여기던 때가 있었습니다. 여자의 발이 작으면 작을수록 아름답다고 생각했고 나중에 더 좋은 남자에게 시집갈 수 있다는 것이 전반적인 사회 분위기였으니까요. 자, 다시 현대로 돌아옵시다. 여자의 지위는 그때와 180도 달라졌습니다. 심지어 '여인천하'라는 말도 생겨났잖아요."

헤겔의 재치 있는 말에 여기저기서 웃음이 터져 나왔다.

"철학적 사유는 바로 이렇습니다. 인간의 이성적 사유는 역사의 동향에 따라 끊임없이 발전합니다. 세상의 모든 진리들도 계속 발전하지요. 역사의 변화 밖에서 무엇이 가장 합리적이고 진실한지를 판단할 수 있는 확실한 증거는 없습니다. 바꿔 말하면, 어느 시대에서 철학자를 뽑든 간에 제가 그의 철학 관점이 합리적인지는 감히 평가할 수 없습니다. 이런 사고방식 자체가 옳지 않고 역사를 뒤집는 것과 같으니까요. 철학자와 철학 사상에 대한 탐구는 모두 역사적 배경에서 벗어날 수 없습니다. 이 점은 후세의 학자들도 반드시 갖춰야 하는 기본적인 소양입니다."

"역사는 선인들이 부단히 다져놓은 기초 위에서 새로운 내용으로 확장해가는 일련의 과정 아닐까요? 그런 면에서 후손들은 선조들을 비난할 자격이 없어요. 우리의 수확은 결국 선조들의 토대와 경험에서 비롯된 거니까요. 설령 그것이 진보적이라 해도 옛것을 배제하고 말할 수는 없지요."

이번에도 수연이었다. 그러자 헤겔은 웃으며 말했다.

"맞아요. 앞서 제가 말했던 '진리'도 결국은 시들어 떨어진 잎처럼, 비료가 되어 뿌리에 영향을 주고 새로운 잎을 돋게 하는 거예요. 어쩌면 저도 후손들에게 비판의 대상이 될지도 모르지요. 여기에 대해서는 제 뒤에 오는 철학자들한테서 해답을 얻을 수 있을 거예요."

이때 소미가 약간 상기된 말투로 말했다.

"선생님, 방금 전족에 대해 말씀하시니까 「설화와 비밀의 부채」라는 영화가 떠올랐어요. 전지현과 리빙빙이라는 두 여배우가 주인공으로 나오는데요. 전족을 중심으로 평행이론 이야기가 전개되거든요. 하나는 고대가 배경이고, 다른 하나는 현대가 배경이에요. '역사'라는 주제에 아주 잘 맞는 것 같아요!"

"저도 그 영화 재미있게 봤어요. 정말 잘 찍었더라고요! 그런데 모든 사상은 선조의 옛 사상을 기반으로 한다고 하셨잖아요. 계승이든 비판이든 말예요. 어떤 사상이 새롭게 제기되면 또 다른 사상에 부딪히는 건 당연한 것 같아요. 대립되는 사상 간의 긴장 상태는 결국 통합적인 사상이 제시되면서 사라지기도 하고요. 근데 이러다가는 끝도 없이 계속 반복되는 거 아닌가요?"

연아의 갑작스러운 발언에 사람들이 모두 놀랐다. 소미도 고개를 돌려 연아를 쳐다보았다. 두 사람은 눈을 마주한 채 머쓱히 웃었다.

"아, 좋은 지적이에요! 그렇지 않아도 지금 짚으려던 참이거든요. 바로 '변증'입니다. 변증하는 과정은 '정正-반反-합合' 세 단계로 나뉩니다. 데카르트가 주장한 이성주의는 '정'입니다. 그와 정반대되는 데이비드 흄의 경험주의는 '반'이지요. 이 두 사상의 흐름 사이에서 논쟁이 계속되었습니다. 그러다 그 전쟁은 칸트의 관점인 '합'으로 끝났습니다. 그는 데카르트의 이성주의 관점에 일부 찬성하면서 흄의 경험주의 관점에도 일부 동의했지요. 이렇듯 '합'은 가장 이상적인 상태예요. 하지만 이와 동시에, 또 다른 갈등이 생긴다는 것을 암시하기도 하지요. '합'의 존재를 반대하는 새로운 관점이 나타나기 마련이니까 사실 갈등을 영원히 멈출 수는 없어요."

"선생님, 질문 있어요! '정'과 '반'에 대한 개념은 이제 잘 알겠어요. 그런데 '합'을 도출하는 건 그리 쉽지 않을 것 같아요. '합'이 계속 나타나지 않으면 어떻게 되는 걸까요?"

민수였다. 마치 모두에게 던지는 듯 질문을 했다. 헤겔이 대답했다.

"음, 아마도 그런 상황은 일어나지 않겠지요? 이성 의식의 발전 형태는 원래 제자리에서 움직일 수밖에 없어요. 양쪽이 논쟁하는 과정 중에 각자의 관점에서 최고의 부분이 자연스럽게 점점 수면에 떠올라요. 하지만 가끔은 토론할 때 쉽게 발견되지 않을 수 있어요. 결국 누가 옳고 그른지는 역사가 결정합니다. 최종으로 남아 있는 쪽이 설득력 있단 뜻이지요. 그러니까 답은 아주 간단해요. '상대'를 이기고 끝까지 남는 편이 결국 옳은 겁니다. 이렇게 해서 '합'에 도달하는 겁니다."

"꼭 적자생존처럼 들리네요."

수연이 쓸쓸히 웃으며 중얼거렸다. 헤겔은 바로 그것이라는 표정으로 대답했다.

"맞아요! 인간의 사상 이념도 생존 경쟁을 하는 겁니다. 그러니까 잘못을 바로잡고 정확한 것을 남겨야 하지 않을까요? 그렇지 않다면 인류가 어떻게 진보할 수 있겠어요?"

역사는 세계정신의 실현 과정

"선생님, 갑자기 생각난 건데요. 만약 일상생활에서 모든 것이 변하고 영원한 진리가 없어진다면, 과연 우리의 정신은 어디로 가야 하는 걸까요? 주체적인 문화의 발전 방향은요? 인간이 파리처럼 아무데나 함부로 들락날락할 수는 없잖아요."

수연의 연이은 질문에 헤겔은 입술을 혀로 축이며 강의를 계속했다.

"아주 좋은 질문이군요. 지금부터는 '세계정신'이라는 관념을 설명해야겠습니다. 여기서 세계정신이란 절대정신이라고도 할 수 있습니다. 전 세계, 그러니까 자연계와 인류 사회의 정신활동까지 포함한 모든 것의 근원과 동력이라 할 수 있지요. 세계정신은 각종 변증법적 운동 중에서 발전한 것으로 자연, 규율, 정신, 문화, 예술, 종교 등의 다양한 원리를 포함하고 있습니다. 아울러 사회가 발전하면 세계정신도 더욱 폭넓어집니다. 또한 그에 상응한 시대의 문화에 따라 끊임없이 새로워지고 신선한 피가 계속 주입됩니다. 그리고 어떠한 발전이든, 대개는 자기가 발전할 수 있는 방향으로 점점 확장해갑니다. 왜 이런 이야기를 하느냐고요? 인류 전체의 역사적 흐름과 변화는 수직적으로 생각해볼 수 있습니다. 인류는 계속해서 자기를 이해하기 위해 애썼고 발전하는 방향으로 나아갔거든요. 철학 역시 마찬가지입니다. 철학은 인간이 스스로에 대해 이해하고 인식할 수 있도록 도와주었지요. 특수한 상황도 있었지만 결국 역사는 대체로 여전히 전진하고 있고, 인류도 끊임없이 더 광활한 이성과 자유로 나아가고 있습니다. 처음에 언급했던 주인과 노예의 변증법 이야기, 기억하나요? 결국 내부에서 진리를 찾지 않았나요? 이것이 진정한 자립입니다. 아주 고차원의 단계이기도 하지요. 하지만 여기서 끝나진 않아요. 변증법적 발전은 정말 끝도 없답니다."

컵에 남은 물을 마저 마신 후 헤겔은 강의를 이어갔다.

"거듭 말하지만, 큰 시각에서 문제를 봐야지 작은 세계에 국한되어서는 안 됩니다. 각 개인이 자기 세계의 자유 속에서만 살아서는 안 됩니다. 역사 속에서 자기의 위치를 찾아야 합니다. '개인 자유'의 한계에서 벗어나 국가나 가정을 포함한 역사의 배경으로 나아가야 더 넓은 이성과 자유를 추구할 수 있습니다. 국가가 없으면 국민은 있을 수 없으며 가정도 존재할 수 없습니다. 이는 '개인의 자유'가 없다는 말이며, 자유는 오로지 세계(절대)정신에서 찾을 수 있다는 겁니다. 또 이것을 자유(자아)의 과정으로 돌이켜 본다면 세 가지 철학 체계로 나눠볼 수 있겠습니다. 바로 논리학, 자연철학, 정신철학입니다. 논리학은 모든 존재의 추상적인 범주를 논하고, 자연철학은 정신철학으로 구성된 물리 세계를 논증하는데 기계론(역학), 물리론(광학, 전기학, 화학 등), 유기체 등 세 단계의 발전 과정을 거쳤습니다. 마지막으로 정신철학은 자유(자아)를 실현한 최고의 형태이며 가장 강력한 무기입니다. 말하자면, 이들 철학 중에서 가장 먼저 정신적 자아를 실현한 것이 정신철학이지요."

모두 진지한 표정으로 헤겔의 강의에 집중했다.

"마지막 철학 체계에 대한 설명은 좀 어려웠나요? 자, 오늘 수업은 여기까지 하겠습니다. 다음에 또 다른 기회로 만난다면 더 재미있는 이야기를 들려드릴게요. 모두 수고했어요."

헤겔이 떠난 후, 사람들은 평소와 다르게 웅성거리지 않고 조용히 자리를 떴다. 연아가 밖으로 나왔을 때도 여전히 보슬비가 내리고 있었다. 웬일인지 차분해지는 기분이었다. 연아는 우산을 쓰고 싶지 않았다. 그저 빗속에 섞여 함께 빗물이 되어 강으로 흐르고 더 넓은 바다로 스며들고만 싶었다.

아리스토텔레스 선생님, 세상의 모든 존재들은 목적이 있나요?

▶▶ 아리스토텔레스가 대답해주는 '잠재력' 이야기

달�걀은 무엇이 될 수 있을까요?

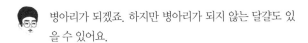 병아리가 되겠죠. 하지만 병아리가 되지 않는 달걀도 있을 수 있어요.

그래요. 식탁 위의 요리가 될 가능성도 있겠네요. 확실한 건 그 달걀이 오리나 거위가 되지는 않는다는 겁니다. 그럼 달걀은 어떠할 때 행복하다고 할 수 있을까요?

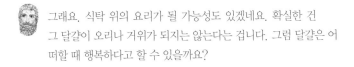 글쎄요, 달걀이 행복할 때도 있나요?

▶▶ 생각해보기 ◀◀

우리 인간은 어떤 상태로, 어떤 목적을 이루며 살아야 행복할까?

오늘은 월요일. 또다시 한 주가 시작되는 날이다. 철학 수업 시간이 가까워질수록 연아는 더더욱 초조해지고 있었다. 종례하는데 계속 벽시계만 쳐다본다고 선생님께 따끔히 주의를 받기도 했다. 월요일부터 해야 할 과제도, 예습도 산더미처럼 쌓여가기 시작했다. 이래저래 괜히 불안감에 휩싸였다. 친구들처럼 교실에 남아 차분히 숙제를 할지, 끝나자마자 철학 교실로 뛰어갈지 당장 고민이 되었다. 시간이 점점 다가올수록 마음만 다급해졌다.

"야, 어디 가? 학원 안 갈 거야?"

"미안! 나 가볼 데가 있어!"

"야! 연아야!"

결국 친구들의 손길도 뿌리친 채 연아는 학교 교문을 그대로 통과했다. 발걸음은 어느새 그곳으로 향하고 있었다.

늦지 않으려고 택시까지 잡아탔다. 엄마가 주신 한 달치 용돈 중 절반을 써버렸다. 그래도 하나도 아깝지 않았다. 연아는 이 철학 수업이 충분히 그럴 만한 가치가 있다고 생각했다.

'아, 수업 시간에 늦지 말아야 할 텐데. 제발.'

이데아는 우리의 존재보다 먼저 있었던 걸까?

낯선 도포를 두른 서양인이 강단에 올라서며 말했다.

"안녕하세요. 저는 아리스토텔레스입니다. 앞서 플라톤 선생님의 수업도 있었다던데, 잘 들으셨나요? 그는 제 인생에서 매우 중요한 분입니다. 아이러니하게도 철학 이론은 각자 다른 관점을 취하고 있지만요. 그런데 사실 전 스승보다 진리가 더 중요하다고 봅니다."

수천 년 전의 아리스토텔레스가 갑자기 이곳에 나타날 줄이야! 모두 크게 놀란 표정들로 웅성거렸지만, 이 교실에서는 이제 더 이상 그리 이상한 일도 아니었다. 그만큼 유명한 희대의 철학자들이 이미 꽤 다녀갔으니까.

"자, 그럼 바로 본론으로 들어갈까요? 오늘 강의할 내용도 플라톤의 주제와는 다릅니다. 저는 스스로 창조하는 것을 좋아합니다. 다른 철학자들도 그럴 거예요. 지난번 철학 수업을 통해 '이념(이데아)'과 '이념 세계'라는 용어는 이미 들었을 거예요. 아! '동굴 이론'도 있었지요. 그는 우리가 목격한 수많은 사실들을 이데아의 그림자라고 불렀습니다. 아주 훌륭한 이론이긴 하지만, 전 그리 동의하지 않습니다. 감각 세계를 무시하고 영원한 이념 세계를 중시하는 플라톤과 달리, 저는 자연계의 변화를 중요하게 생각하고 감각 세계에 관심이 더 많거든요. 물론 플라톤의 이데아론에서 일부 관점은 매우 공감합니다. 예컨대, 세상에 영원히 변하지 않는 사물은 없다는 점입니다."

사람들이 하나둘씩 고개를 끄덕였다.

"모든 것은 유동적으로 변합니다. 저도 이성적 사유의 실재 개념이나 이데아 개념이 영원불변하다는 것에는 동의합니다. 하지만 자연계 밖에 우리가 보는 실체와 완전히 같은 어떤 모형이나 형식이 존재한다는 건 믿지 않아요. 오히려 그런 형식이나 이데아는 인간이 실재를 본 후에 형성된 개념이지, 실재가 나타나기 전이나 인간이 인식하기 전에 이미 존재한다고는 생각하지 않습니다. 사실 형식은 모든 실재가 가진 공통적인 특징입니다. 예를 들어 좀 더 상세히 말해볼까요? 플라톤은 인간이 닭을 보기 전에 이미 '닭'이라는 이데아가 존재한다고 했습니다. 즉 이데아가 닭이나 달걀보다 먼저라는 겁니다. 다만 인간이 의식하지 않았을 뿐, 눈으로 본 환상은 실재가 되며 닭의 가장 본질적인 이데아는 볼 수 없다고 말합니다. 그러나 제 생각은 다릅니다. 닭이라는 이데아는 인간이 닭을 본 후 나타난 것이고 모든 닭에게 존재하는 공통 형식입니다. 이 형식이 있어야만 닭이라고 부를 수 있지요. 가령 닭이 알을 낳을 수 있다는 것도 형식의 하나이지요."

아리스토텔레스가 사람들의 반응을 살폈다.

"결론적으로 말하면, 사물의 이데아라는 개념과 실체는 하나로 존재하며 나눌 수 없습니다. 플라톤은 감각 속 현실태(엔텔레케이아)를 이데아의 그림자로 보고, 현실 세계에서 우리의 감각 세계가 인식하는 사물은 더 높은 단계의 이데아에서 비롯된 환상이라고 했지요. 하지만 저는 그 둘의 관계를 뒤집었습니다. 즉 현실 세계에서 더 높은 단계의 것은 감각 세계에서 축적된 거라고 생각합니다. 이게 바로 저와 플라톤의 차이점이지요. 인간에게는 본래부터 타고난 개념이 없다는 점을 강조하고 싶군요. 이성은 다른 동물에게는 없는 인간 고유의 특징입니다. 그렇다고 해서 이데아보다 먼저 존재하는 사물만 진정으로 존재한다는 의미는 또 아닙니다. 우리는 태어났을 때부터 감각적으로 느끼는 사물을 조합하고 분류할 수 있습니다. 그래서 식물, 동물, 물, 공기 등의 개념이 서서히 만들어졌습니다. 이것이 바로 플라톤이 말한 이데아가 형성된 방식이며, 인간이 체험하지 않았다는 건 아닙니다. 그것들은 이미 이데아의 세계 속에 존재합니다. 차분히 마음을 가라앉히고 자기 머릿속의 '개념'이라는 형식을 잘 떠올려보세요. 어때요? 저의 말에 동의하시나요?"

모든 존재가 가진 가능성과 한계

"그렇다면 실체의 존재는 어떻게 설명하실 건가요? 플라톤 선생님은 실체의 존재 형식을 이데아의 환영이나 모사로 설명하셨어요."

민수가 조급하게 물었다.

"좋아요. 그럼 이제부터 저의 '제일第一철학'에 대해 설명하도록 할게요. 저는 자연철학을 더 중시해왔습니다. 자연계의 모든 생물을 좋아하지요. 정말 그것들은 신비와 도전이 가득 찬 실체예요. 자연이 창조한 실체를 제외하고는 다른 실체가 존재하지 않는다면, 저는 자연을 대상으로 한 학문이 제일학문이라고 생각합니다. 참, 외계인의 존재는 믿지 않으니 제외할게요. 제일철학에 관해 말하기 전에, 우선 두 가지 개념부터 짚고 넘어가겠습니다. 바로 '질료hyle'와 '형상eidos'입니다. 질료는 사물을 구성하는 재료로, 예를 들면 탁자를 만드는 목재 같은 것입니다. 형상은 뭘까요? 그것은 각 사물의 개별적인 특징으로, 사물의 본질과는 차별됩니다. 예를 들면 탁자의 형태와 구조라고 말할 수 있겠네요. 목재로 만든 탁자 중에서도 원형, 사각형, 삼각대, 사각대 등 다양한 모양이 있잖아요. 어떤 탁자를 묘사하건 그 구조, 형태, 색깔, 기능 등 특징이 되는 형상을 말하지 않고 탁자의 질료인 목재만을 설명하진 않습니다. 탁자의 형상이 사라졌다면 남는 것은 나무 덩어리입니다. 이걸 가지고 계속 탁자라 부르는 사람은 아무도 없습니다. 목재라는 질료에는 형상을 바꿀 수 있는 가능성이 있지만, 형상만 남아 있는 실체는 존재하기 어렵지요."

아리송한 표정을 짓던 민수가 고개를 살짝 끄덕였다. 강의는 계속됐다.

"혹시 가능태可能態와 현실태에 대해 들어본 적 있나요? 방금 예시로 들었던, 목재가 탁자로 바뀌는 것이 바로 가능태라고 하는 겁니다. 즉 특정 형상을 실현하는 가능성을 일컫습니다. 예를 더 들어볼까요? 달걀은 닭이 될 가능성이 있고, 밀은 밀가루가 될 가능성이 있고, 나무는 종이가 될 가능성이 있는 거지요. 현실태는 어떤가요? 현실태는 실제 사물의 운동 과정으로 볼 수 있습니다. 질료가 형상이 되는 변화가 이뤄지고 실제 형태로 나타나는 것이 현실태입니다. 예컨대 암탉이 달걀을 애지중지 품으면 그 달걀은 서서히 변해갑니다. 달걀껍질 안에서 닭의 형상이 점점 만들어지는 거지요. 다리가 두 개 생겨나고, 머리가 하나, 날개가 두 개, 내장 등등……. 그리고 마지막에 병아리가 형태를 갖춘 채로 달걀을 깨고 나왔을 때, 그것이 바로 우리가 보는 현실태가 되는 겁니다. 설마 여러분 중에 '어떻게 병아리를 그 안에 넣을 수 있나요?'라고 묻는 사람은 없겠지요?"

순간 모두 웃음보가 터졌다. 무겁던 강의실의 공기가 잠시 웃음으로 가벼워졌다.

"여러분은 이미 그 달걀이 병아리가 될 가능성이 있다는 걸 알고 있으니까요. 또 여러 가지 경험을 통해 A라는 사물이 B라는 사물로 변할 수도 있다는 것을 알잖아요. 그런 가능성들이 언제나 존재합니다. 경험한 적 없는 '질료-형상' 관계라면 어떨까요? 그럼 의아해할 수도 있겠네요. 하지만 저는 자연계의 모든 사물들은 어떤 특징이 있는 '형상'이 될 수 있다고 생각합니다."

"선생님, 이해가 안 되는 부분이 있어요!"

이번에도 언제나 호기심 많은 소미가 손을 들었다.

"자연계의 모든 사물은 어떤 형상이 될 수 있다고 하셨는데요. 달걀이 꼭 병아리가 되는 건 아니지 않나요? 제가 알기로는 수정되지 않은 달걀은 병아리로 부화할 수 없다던데."

소미의 깜찍한 질문에 아리스토텔레스는 빙긋이 웃었다.

"하하하, 그렇지요. 우리 식탁에 올라 맛있는 요리로 변신하는 달걀도 있긴 하니까요. 그 달걀은 병아리가 될 가능성은 없지만, 식탁 위의 요리가 될 가능성은 있잖아요. 요리로 바뀐 것도 그 달걀의 가능태라고 볼 수 있지요. 머릿속으로 한번 그림을 그려봅시다. 어떤 사람이 맛있는 저녁상을 차리기 위해 달걀을 샀어요. 그리고 그 달걀을 식탁 위에 올리기 위해 달걀프라이나 달걀말이나 달걀찜 등을 생각하겠지요. 어떤가요? 확실한 것은, 그 달걀이 오리나 거위로 바뀔 거라는 생각은 안 한다는 거예요. 달걀이 그렇게 될 가능성은 없으니까요. 경험이 우리에게 알려주는 겁니다. 따라서 사물의 형상은 사물의 가능성뿐만 아니라, 그것의 한계까지도 설명한다고 말해주고 싶군요."

아리스토텔레스, 존재의 존재 이유를 말하다

"사물마다 어떤 형상이 될 가능성이 있다고 하셨는데요. 그렇다면 사물의 운동 변화는 어떤 목적으로 존재하는 걸까요? 말하자면, 대자연의 사물은 왜 이런 관계로 존재하는 건가요?"

민수의 질문에 모두 귀를 기울였다.

"인류는 왜 생존하는 걸까, 인류는 어디에서 온 걸까 같은 '존재'에 관한 문제는 저와 같은 철학자들의 영원한 탐구 주제이기도 합니다. 사실 철학자들도 수많은 사물의 형성 원인에 대해 과학적인 인식을 하지요. 예를 들면, 대기 중의 수증기가 응결해서 작은 물방울을 형성하면 지구의 인력에 의해 땅으로 떨어지지요. 이것을 비가 내린다고 하는 겁니다. 이는 많은 사람들이 동의하는 관점입니다. 여기에 저는 '목적인^{causa finalis}'이라는 관점에 대해서도 말씀드리고 싶군요. 빗방울이 땅에 떨어진 목적은 무엇일까요? 달걀이 병아리로 부화한 목적은요? 달걀이 음식이 된 목적은 무엇일까요? 설마 사물의 변화에 하나의 목적만 있는 걸까요?"

아리스토텔레스의 쏟아지는 질문에 사람들은 복잡한 표정을 지었다.

"저는 순환하고 변하는 과정에서 어떤 목적이 존재할 가능성이 있다고 봤습니다. 그래서 보편적으로 인정한 원인을 '4원인'으로 정리했습니다. 즉 질료인質料因, 형상인形相因, 동력인動力因, 목적인目的因으로, 사물의 운동과 변화를 설명했습니다. 이해하기 쉽게 예를 들어볼까요? 집을 지을 때 쓰이는 목재, 흙, 콘크리트 같은 원료들은 집을 형성하는 '질료인'에 해당될 겁니다. 집의 설계 구조, 크기, 형태 등은 '형상인'이라고 할 수 있습니다. 건축가가 단계적으로 작업하고 집을 완벽하게 짓는 과정은 '동력인'입니다. 마지막으로 집이 존재하는 바탕을 '목적인'으로 보면 됩니다. 보통 비와 바람을 막기 위해서는 집이 필요합니다. 다시 말해, 질료의 가능태에서 현실태까지 완성해가는 과정은 집이 그 비바람을 막아주는 형상에 도달하기 위함입니다. 물론 우리가 사는 현실은 이렇게 간단하지만은 않지요. 요즘에 누가 비바람만 피하려고 집을 지을까요?"

잠자코 듣고 있던 민수가 다시 질문했다.

"선생님! 그럼 사물의 가능태도 사물 변화의 목적을 결정하고, 자연계의 각 사물마다 그 목적성이 있다는 말씀이군요. 이를테면 달걀이 병아리로 변한 것은 번식이 목적인 셈이고, 아침식사가 된 건 우리의 배를 채워주는 목적이겠네요. 또 땅이 빗물을 흡수하는 건 땅 위에 사는 생물이 생존하기 위한 목적인 거고요. 이렇게 설명되는 것 맞나요?"

"오, 민수 학생! 잘 이해하고 있군요. 저의 논리를 받아들이기 어려워하는 분들도 있을 겁니다. 저는 목적을 굳이 현실 밖 세계에 있는 소위 '이데아'에서 찾을 필요는 없다는 점을 강조하고 싶군요. 사물이 운동하고 변한 현실태가 사실은 우리가 말하는 이데아이자 그 변화의 원인이니까요."

존재가 이를 수 있는 행복의 최고 경지

"그럼 다시 '인간'으로 돌아와서⋯⋯. 왜 우리는 행복할까요? 사랑 때문에? 돈? 아니면 명예? 아마 대답은 끝도 없이 나올 겁니다. 간단하게 짚어볼까요? 자신의 능력과 재능을 충분히 발휘했을 때 인간은 행복합니다. 행복은 '지혜'와 '실천'의 각도에서 볼 수 있는데 우선, 그중 지혜는 인식의 각도입니다. 행복의 의미는 외부 물질이 쌓은 이성적 사고의 영향을 받지 않는 데에 있습니다. 이것이 행복의 최고 경지입니다. 다음으로, 실천은 도덕적인 측면이라고 할 수 있는데 그 즐거움의 기준에는 세 가지가 있습니다. 첫 번째, 스스로 만족하는 삶입니다. 두 번째, 자유롭지만 책임 있는 시민으로서의 삶입니다. 세 번째, 사상가나 철학자가 되는 겁니다. 이와 같은 세 가지 기준에 도달해야 행복과 만족을 찾았다고 할 수 있습니다. 어느 기준에서든 균형이 깨지면 우리는 걱정하고 고통을 느낍니다. 타고난 과학자라도 연구에만 몰두하고 자기 생활에서 무슨 일이 어떻게 일어나는지 모른다면, 그의 연구에 왜곡과 변이가 있을 수밖에 없습니다. 그래서 가장 적합하고 즐거운 생활 방식을 찾으려면 균형을 유지해야 하고 한쪽으로 치우쳐서는 안 됩니다. 마찬가지로, 인간관계에서도 균형의 법칙은 적용됩니다. 저는 이것을 '중용中庸'이라고 부릅니다. 인간은 무모하다거나 비겁해서는 안 됩니다. 용감해야 합니다. 한낱 일에 인색하거나, 호사를 부리면 안 됩니다. 관대해야 합니다. 오만하거나 열등감을 갖기보다 긍지를 가져야 합니다. 교활하거나 어리석기보다는 지혜로워야 합니다. 인간은 너무 까다롭게 굴어서도, 규칙 없이 제멋대로 살아서도 안 됩니다. 절제하면서 여러 상황을 동시에 고려하고 균형을 이뤄야 합니다. 균형과 절제를 지켰을 때 인간은 비로소 즐거울 수 있습니다."

"지나쳐서도 안 되고, 그렇다고 모자라서도 안 된다는 말씀이군요."

연아는 자기도 모르게 자신의 생각을 입 밖으로 냈다.

"바로 그겁니다. 그것을 잘 지킬 수 있는 존재는 신입니다. 신은 완전한 이성을 가진 존재입니다. 자신은 움직이지 않고 천체와 만물을 운동하게 하는 '부동의 동자Unmoved Mover'라고 할 수 있지요. 이렇듯 신에 가까운 삶이 바로 행복한 삶이자 이상적 삶입니다. 앞서 언급했던 즐거움의 세 가지 기준 중 가장 신에 가까운 삶은 세 번째 같군요."

어느덧 아리스토텔레스는 마지막 말을 준비했다.

"자, 제가 준비한 내용은 여기까지입니다. 수업 중 받아들이기 어려웠거나 편파적으로 들렸던 내용도 있을 겁니다. 하지만 오늘 여기서 이야기한 철학은 제가 살던 당시 사회 속에서 형성된 것이기 때문에, 지금의 과학이나 사상으로 평가하면 안 된다는 점을 감안해주시기 바랍니다. 저는 여러분에게 사고하는 방법을 알렸을 뿐, 그 이후에 스스로 해야 할 진정한 사고 행위는 여러분의 몫입니다. 이것이 바로 진짜 철학입니다."

학생들은 일순간 침묵했다. 연아는 오늘 밤 잠이 쉬이 오지 않을 것만 같았다. 이번 수업 동안 이해가 되지 않는 부분이 있었지만, 마지막 말을 듣고 나서 퍼뜩 자기 자신을 뒤돌아봐야겠다고 생각했다. 여태껏 학교에서, 친구에게서 지식을 일방적으로 받아들이기만 했을 뿐, 스스로 판단하고 결론을 내린 적이 거의 없었다는 생각에 잠시 부끄러워졌다.

6강

하이데거 선생님,
사람들은 왜 자살을 택하나요?

▶▶ 하이데거가 대답해주는 '삶과 죽음' 이야기

혹시 죽음에 대해
생각해본 적 있나요?
왜 자살을 택하는 사람이 있을까요?

 저는 사회와 여론의 압박에 못 이겨 극단적 선택을 하는 거라고 생각해요. 그런 사람들은 대체로 사회적 인식을 중요시하니까요.

 성적 비관으로 자살하는 아이들을 보면 지금의 자기 문제를 지나치게 깊게 생각해서 스스로 죽음으로 내몬 게 아닌가 싶어요.

 때로는 죽는 것보다 사는 게 정말 더 나은 건지 잘 모를 때가 있어요.

▶▶ 생각해보기 ◀◀

인간은 유한한 삶을 살 수밖에 없는 존재인데,
결국 죽음을 선택하는 이유가 무엇일까?

그런 날이 있다. 왠지 모르게 불안한 날. 뭔가 좋지 않은 일이 일어날 것만 같은 찜찜한 날.

연아는 오늘 별일이야 있겠느냐며 마음을 다잡았다. 그러다 결국 일이 터져버리고 말았다. 점심때 엄마가 뺑소니차에 치여 하마터면 큰일 날 뻔했다는 가슴 덜컹한 문자를 받은 것이다. 선생님께 이야기하고 당장 조퇴하고 싶었지만 심각한 상태는 아니니 학교에 계속 있으라는 아빠의 완강한 말에, 그대로 무기력하게 앉아 있을 수밖에 없었다. 수업이 귀에 들어올 리 없었다. 모든 수업이 끝나고 전화 수화기 너머로 엄마의 목소리를 듣고 난 후에야 비로소 마음이 놓였다.

연아는 갑자기 슬픈 생각이 들었다. 어쩌면 삶이 허무하다는 생각이 들었는지도 모른다. 도대체 무엇 때문에 온종일 힘들게 공부하는 건지, 누굴 위해 쳇바퀴 돌 듯 똑같은 일상을 기꺼이 반복하는 건지 종잡을 수 없었다. 한편으론 부모님께 제대로 효도하기도 전에 떠날 수 있다고 생각하니 급격히 우울해졌다. 각자 바쁘다는 이유로 온 가족이 둘러앉아 따뜻한 밥 한 끼 한 지가 얼마나 오래됐는지 까마득했다. 무엇을 위해 사는 건지 방향 없이 헤매는 느낌이었다.

'오늘의 철학 선생님은 이럴 때 어떤 답을 해주실까?'

답을 듣고 싶었다. 문답을 통해 이야기하다 보면 무언가 저절로 떠오르고 근본적인 답답함이 해소되지 않을까 생각했다. 연아는 우울한 마음을 떨쳐내기 위해 철학 교실로 향했다.

무엇이 그들을 자살로 내몰았을까?

"처음 뵙겠습니다. 만나서 정말 반갑습니다. 하이데거입니다. 문학이나 심리학, 혹은 철학이나 예술에 관심 있는 학생이라면 제 이름을 한 번쯤은 들어봤을 거예요."

양복을 말끔하게 차려입은 한 남자가 강단에 서서 매력적인 목소리로 운을 띄웠다. 그의 인사 덕분에 웅성거리던 교실이 이내 조용해졌다. 그는 할리우드 스타 저리 가라 할 만큼 너무나도 준수한 외모를 갖추고 있었다.

"하이데거? 맨날 죽음만 연구한다는 그 철학자?"

누군가의 날선 목소리가 튀어나왔다.

"하하, 맞습니다. 제가 그 '죽음의 철학자' 하이데거입니다. 하지만 저의 수업을 들으러 온 여러분만큼은 저를 '존재의 철학자'라고 불러주면 좋겠군요. 이전 수업에서 여러 철학자들이 존재에 관해 많이 이야기했을 겁니다. 주로 자연이나 정신 같은 것들이 어떻게 존재하느냐를 다뤘겠지요. 오늘은 '존재의 의미'에 대해 이야기해볼까요? 강의실로 오던 길에 저는 아찔한 장면을 목격했습니다. 어떤 남자가 고층 건물에서 뛰어내리겠다고 하는 바람에 난리가 났더군요. 건물 아래로 사람들이 모여들었고 소방차와 경찰

차까지 동원됐지요. 한바탕 소동이 지나간 후에 그 남자는 결국 경찰 손에 끌려 내려왔습니다. 도대체 그 남자는 왜 자살하려고 한 걸까요? 여러분은 어떻게 생각하세요? 이 자리에 앉아 계신 분들 중에서도 혹시 자살을 생각했던 적이 있나요?"

모두 숙연히 듣고만 있었다. 잠시 정적이 흐른 후, 하이데거가 다시 말을 이었다.

"지금 이 세상은 자살이라는 공연이 매일 공공연히 상연됩니다. 심지어 이 순간에도 어느 곳에서는 자살을 시도하는 사람이 있을지도 모릅니다. 세상이 빠르게 발전하면서 개인적인 스트레스가 심해지고 자살률도 점점 증가하는 추세입니다. 그럼 이 사회가 자살이라는 비극을 초래한 걸까요? 아니면 현대인들이 심리적으로 나약하기 때문일까요?"

그때 민수가 격한 목소리로 대답했다.

"저는 사회와 국가에게 책임이 있다고 생각해요. 대부분 사회·경제적으로 궁지에 몰리거나 주변과 여론의 압박에 못 이겨 극단의 선택을 하는 것 아닐까요? 이런 비극은 모두 국가가 조장한 거예요."

그러자 소미가 어쩔 수 없다는 표정을 지으며 말했다.

"제 생각에는 지극히 개인적인 이유로 사람들이 자살을 하는 것 같아요. 저는 부모가 자기 요구를 들어주지 않았다거나 성적이 기대만큼 나오지 않았다는 이유로 자살한 아이들을 뉴스에서 본 적이 있어요. 또, 가족을 부양해야 하는데 일자리를 끝내 구하지 못한 자기 무능을 비관해 자살을 택한 경우도 봤고요. 이런 사례들을 보면 개인의 문제를 지나치게 확대해서 결국 자신을 죽음으로 내몬 게 아닌가 싶어요. 그들의 마음이 조금만 더 여유로웠다면 스스로 죽음을 선택하지는 않았을 거예요."

두 사람의 이야기를 조용히 듣던 하이데거가 진지하게 말했다.

"물론 살길이 막막하고 더 이상 살 수 없다는 이유로 극단적인 선택을 하는 사람도 있습니다. 하지만 경제적으로 매우 여유로운 사람도 자살을 택하는 경우가 있습니다. 그 원인은 다 다르지만, 정신적으로는 매우 비슷한 상황이었을 겁니다. 삶이 공허하고 목적을 잃었다는 느낌이 들었을 거예요. 우리는 매일 밥을 먹고 잠을 자는 생활을 반복합니다. 이런 생활을 무미건조하다고 느낄 수 있습니다. 이와 반대로 어떤 사람은 온종일 굶주림에 시달리는 희망도 없는 삶에 자기 존재를 의심하며 허탈감을 느낍니다. 인간으로서의 존엄성이나 가치나 의미가 사라진 겁니다. 존재라고 말할 수 없는 존재, 다시 말해 단순한 '존재자'로만 있는 거지요. 이것은 인간이 아닌 동물의 존재 방식입니다."

누구와도 대체될 수 없는 존재의 삶과 죽음

"아, 어렴풋이 알 것만 같아요. 얼마 전 OECD 국가 중에 자살률이 가장 높은 나라가 한국이라는 기사를 봤거든요. 특히 연예인들이 많다고 하던데, 아무래도 일반 사람들이 보기에 스타라 하면 생활 자체가 아예 다르고 모두가 부러워하는 선망의 대상이라고만 생각하기 쉽잖아요. 이면의 삶은 전혀 고려하지 않고요. 아름답고 호화롭고 풍족한 삶을 쉽사리 포기한다는 게 잘 이해가 되지 않았는데, 이제는 왠지 알 것 같아요. 아마도 그들은 그

삶 속에서 인간으로서의 가치나 개성이 사라져간다고 느꼈을 거예요. 단순히 동물이나 식물처럼, 존재자일 뿐이라는 생각이 든다면 얼마나 슬플까요? 그래서 자살을 택한 것일까요?"

소미였다. 조곤조곤한 이야기에 절로 귀가 기울여졌다.

"정확해요. 지금부터는 저와 여러분을 포함한 인간을 '존재자'와 구별하기 위해 '현존재^{Dasein}'라는 단어로 표현하도록 하겠습니다. 간단히 말하자면 현실에서 존재하는 것을 현존재라고 부릅니다. 그렇다면 우리의 존재와 세계는 어떤 관계일까요? 이 세계는 인간만 존재하는 게 아닙니다. 동식물, 교통수단, 통신설비, 네트워크 등 세상에는 다양한 도구들이 존재합니다. 그것들은 우리의 삶을 하나로 연결하여 '세계'를 구성합니다. 현존재는 이런 도구들을 이용해 세계에서 생존하고 있는 겁니다. 세계 밖의 존재에 대한 토론은 우리에게 의미도 없고, 또 탐구할 수도 없습니다. 따라서 현존재의 존재는 세계 범위 내의 존재에만 존재합니다. 즉 세계 내^{內} 존재$^{In-der-Welt-sein}$입니다."

하이데거가 청중을 향해 지긋이 바라보며 말을 이어갔다.

"그런데 우리 삶을 연결하는 일련의 도구들도 이 세계에 존재합니다. 다만 자동차, 네트워크, 텔레비전 등과 같은 사물의 존재는 우리의 '현존재'와는 다른 겁니다. 이 점은 그리스 철학자들의 '인간은 언어 능력을 가진 고등동물이다'라는 명제로 잘 설명되겠군요. '산송장'이라는 말이 있습니다. 살아 있기는 하지만 생명이 붙어 있지 않은 것처럼 생존의 의미를 잃은 사람을 이르지요. 마치 지금 이 교실 안에 있는 책상, 의자, 칠판처럼 생각도 없고 정신도 없는 상태와 같습니다. 그건 인간으로서 자아를 잃은 삶입니다.

하루 종일 일에만 매달리면서 자기가 진짜 원하는 것이 뭔지, 삶의 진정한 의미도 모른 채 저항 없이 살아가는 것을 '비본래적 삶'이라고 합니다. 현대 사회에서는 이렇게 사는 사람들이 비일비재합니다. 이와 상대적인 삶이 바로 '본래적 삶'입니다. 독립된 개체로서 자기 개성을 잘 파악하고 독립적인 자아의식을 갖고 있으며, 자기가 군중에 둘러싸여 있다는 것을 느낍니다. 타인의 존재를 볼 수 없다면 자신이 유일무이한 존재라는 것도 인식할 수 없습니다. 다시 말하면, 자아의 독립성은 독립된 타인의 존재들을 인식한 기반 위에서 세워진 거니까요. 이것이야말로 현존재인 인간이 책상, 의자, 칠판 같은 것과 가장 크게 다른 점이라 볼 수 있지요."

"사물과 구별해서 현존재의 존재를 설명해주시니 잘 이해돼요. 그런데 수많은 현존재 중 우리 인간의 특별함을 어떻게 드러낼 수 있을까요?"

수연이의 호기로운 질문이 잠시간의 정적을 깨뜨렸다.

"좋은 질문이에요. 사실 그 문제는 '죽음'과 관련 있습니다. 일상생활에서 현존재는 대체될 수 있습니다. 예를 들어 직급은 그와 비슷한 능력을 가진 사람으로 대체될 수 있고, 도구는 사람으로 대체될 수도 있습니다. 하지만 현존재라는 개체 자체는 그 누구와도 대체될 수 없습니다. 이 사실은 죽음에서 더더욱 면밀히 드러납니다. 그렇지 않나요? 죽음은 그 누구와도 대체될 수 없습니다. 출생도 우리가 좌지우지할 수 없어요. 우리가 의식하고 있을 때 우리는 이미 살고 있습니다. 죽음의 순간이 왔을 때는 어떤가요? 그때 우리는 자신이 대체 불가능한 존재라는 것을 분명히 깨닫습니다. 안타깝게도 모든 사람이 피할 수 없는 결말이지요. 우리는 죽음의 세계와 그 시간에 대해 전혀 예측할 수 없습니다. 그래서 오히려 희망을 떠올리며 이 삶보다 낙관적이라 생각할 수도 있습니다. 죽음의 세계에서는 희망이 필요한지, 필요하지 않은지 아는 사람이 전혀 없습니다. 어쩌면, 죽음은 또 다른 삶일지도 모릅니다. 이처럼 삶과 죽음은 영원히 긴밀할 겁니다. 죽음에 대한 두려움과 공포는 곧 삶에 대한 희망이라고 말하고 싶군요."

하이데거, 존재의 불안과 죽음에 대해 말하다

"사실 자신의 존재를 의식하는 건 그다지 기쁜 일이 아닙니다. 오히려 두려움이 생길 수도 있습니다. 자신의 존재를 의식하면 언젠가는 죽는다는 것도 의식하게 되거든요. 정말 무서운 일이지요? 아마도 모든 사람이 죽음을 두려워할 겁니다. 엄밀히 말하자면 알 수 없는 미지의 세계라 두려운 거겠지만요. 사후 세계가 존재할 수도 있지만 과학적으로 증명하지는 못했습니다. 누구도 사후가 어떤 모습인지 알 수 없습니다. 그러니 죽음에 대한 인간의 공포는 너무나도 당연한 겁니다. 플라톤이 이런 말을 했습니다. '철학은 죽음과 관련된 학문이다!' 저는 이 말에 아주 공감합니다. 철학이 존재의 문제를 탐구한다면 당연히 죽음에 관한 문제도 논해야겠지요."

하이데거는 칠판에 '죽음-희망-생존'이라는 글자를 적었다.

"우리가 죽음의 필연성을 인식할 때 죽음에 대해 진정 받아들일 수 있고 생존을 추구하는 용기와 희망도 생겨납니다."

"만약 지금 누군가 생명을 포기하려고 한다면, 선생님은 어떻게 설득하시겠어요?"

민수가 기습적으로 질문했다.

"음, 글쎄요. 단순히 답할 수 있을까요? 그 이야기는 천천히 짚어보도록 합시다. 앞서 말했듯이 현존재의 삶은 두 가지로 나뉩니다. 바로 본래적 삶과 비본래적 삶이지요. 간단히 정의하자면 자아를 추구하고 자기중심으로 삶을 계획하면 본래적 삶이고, 다른 사람의 기준대로 자신의 삶을 계획하면 비본래적 삶입니다. 그래서 현존재의 시간성도 본래적 시간성과 비본래적 시간성으로 나눌 수 있습니다. 이 두 가지는 사실 시간의 분배 방식이 다릅니다. 비본래적 시간성은 통속적인 의미에서의 시간입니다. 즉 자아가 없는 무의미한 삶을 사는 시간을 말합니다. 죽음이 이 세계에서 현존재의 종착점이라는 것을 인식해야 합니다. 생명은 유한하며 소중한 것입니다. 적극적으로 인생을 즐기라고 말하고 싶군요."

철학자의 의도를 이해했다는 듯 민수가 고개를 끄덕였다.

"그런데 이 두 가지의 시간성은 서로 겹쳐지기도 합니다. 비본래적 시간성은 주로 일상생활에 묻힌 '현재' 속에 있습니다. 우리가 이 세계에 살고 있다는 강력한 증거입니다. 그리고 본래적 시간은 '미래' 중 일부를 정한 것으로 시간의 제한성에 대한 선행적 인식을 말합니다. 그 시간의 근원성이 도래했을 때 끝나는 거지요. 좀 어렵나요? 시간에 끝이 있다는 사실을 확실히 인식한다면 시간을 더 소중하게 여기고, 적극적으로 미래를 마주할 수 있지 않을까요? 이것이 바로 진짜 살아 있는 '현존재'입니다. 그래서 본래적 시간은 근원적 시간이라고도 하지요. 때론 불안함의 근원이 되기도 하고, 때론 우리가 적극적으로 미래의 인생을 맞이할 수 있는 용기를 주기도 합니다. 죽음이란 것을 항상 의식하기 때문에 불안해하고 위기를 느끼기도 합니다. 그만큼 제한적인 인생을 깨닫고 더 충실히 자기가 원하는 삶을 살기 위해 노력하기도 합니다. 사실 이것이 제가 바라는 가장 이상적인 삶의 방식입니다. 오늘 이 자리가 불편한 철학 수업이 아니라, 친구 사이에 수다를 떨거나 마음을 터놓는 자리였다면 '제한적 시간에서의 불안'은 무의미하다는 것을 여러분이 이해할 수 있도록 좀 더 편하게 이야기했을 것입니다. 만약 우리가 넓은 우주에서 하루하루를 즐기면서, 한정된 시간을 무한정의 느낌으로 산다면 우리는 얼마나 의미 있는 존재가 될 수 있을까요?"

삶과 죽음을 마주하는 올바른 방법

"'산 개가 죽은 정승보다 낫다'는 속담을 들은 적이 있어요. 전 이 말을 듣고 나서 자신을 돌아보게 됐어요. 과연 그렇게 사는 것이 더 나을까요? 남들이 볼 땐 잘사는 사람인데 왜 현실을 피하고 자살을 택하는 걸까요?"

수연이 궁금한 걸 참지 못하고 곧바로 질문을 던졌다. 하이데거는 희미하게 웃으며 대답했다.

"좋은 질문입니다. 사실 누구나 죽음 앞에서는 나약한 면을 보입니다. 그런데 죽음을 대하는 방식은 사람마다 다릅니다. 죽음은 무섭고 불안한 사실적 현상이지만, 한편으론 우리의 존재를 증명하는 가장 강력한 증거이기도 합니다. 만약 이 점을 인식한다면 죽음에 대한 공포나 불안감이 조금은 줄어들지 않을까요? 자아를 찾고 싶다면 죽음이 가져다주는 불안도 때론 필요합니다. '불안'의 감정은 특별하니까요. '불안'과 '공포'는 사실 차이가 있습니다. 일반적으로 우리가 '공포'를 말할 때 그 대상은 매우 명확합니다. 하지만 '불안'의 대상은 대부분 모호한 편입니다. '세계 내 존재'라는 특수 범위가 있을 뿐 완전히 고정된 대상은 없거든요. 우리가 사는 동안 불안의 대상이 언제든지 나타날 수 있는 것처럼, 불확실성에 대한 불안감은 결국 자신에게서 원인과 돌파구를 찾다가 현존재로 돌아옵니다. '내가 지금 왜 불안한 거지?' '사는 건 대체 나에게 무슨 의미가 있을까?' '시도 때도 없이 찾아오는 공허감은 뭘까?' 같은 생각들 때문에 사람들은 보통 우리의 불안이 영혼의 공허함에서 온다고 생각합니다. 그 영혼의 공허함으로 자살을 생각하는 거지요."

하이데거는 진지한 표정으로 말을 이었다.

"사실상 자기 자신의 존재에 대해 우리가 의심하는 건 불안한 감정 때문입니다. 불안한 대상, 곧 불안을 느끼는 자신의 존재와 불안한 이유를 동일시한 겁니다. 이 논리적 관계를 이해하지 못하고 불안한 정서를 심각한 공포로 발전시키면, 결국 너무나도 쉽게 자살의 길로 들어서게 됩니다. 그래서 죽음이라는 미지의 영역에 대해 우리는 더 많이 인식하고 이해해야 합니다. 진정으로 죽음의 본질과 마주했을 때 비로소 죽음을 있는 그대로 받아들이고 이해할 수 있습니다. 그러고 나면 우리는 죽음이라는 무서운 '궁극적' 상태를 용납할 수 있는 용기가 생깁니다. 그리고 그 용기로 살고 싶다는 희망을 걸 수 있는 거지요. 희망이 있으면 더 강하게 살 수 있습니다. 이해가 좀 되나요?"

모두 고개를 끄덕였다.

"아, 생명과 존재에 대해 이야기하느라 수업 시간이 지나버린 것도 몰랐네요. 오늘 수업은 여기까지 하겠습니다. 저 때문에 여러분의 귀가 시간도 덩달아 늦어졌네요. 대신 다른 곳에서는 들을 수 없는 좋은 수업을 들었으니 너그러이 양해해주길 바랍니다. 감사합니다!"

잠시 박수가 나왔다가 사그라졌다. 하이데거의 수업은 마치 꿈처럼 갑작스럽게 끝이 났다. 죽음은 무겁고 피하고만 싶었던 주제였는데 연아는 한 번쯤 곰곰이 돌아볼 만한 이야기인 것 같다고 생각했다. 그동안의 막연했던 생각에 방점을 찍는 시원한 강의였다. 삶과 죽음에 대해 깊이 생각해보는 뜻 깊은 시간이었다.

쇼펜하우어 선생님,
인생은 고통의 연속일까요?

▶▶ 쇼펜하우어가 대답해주는 '비극' 이야기

여러분은 인생에서
고통과 쾌락 중 어느 것이
더 많다고 생각하나요?

 고통이나 쾌락이나, 어느 한쪽이 더 많다고 할 수 없어요.

 고통을 느끼기도 하지만, 그것 때문에 결국은 쾌락을 더 많이
찾는 것 같아요.

 아니에요. 세상은 고통으로 가득 차 있어요.

▶▶ 생각해보기 ◀◀

이 세상이 쾌락보다 고통으로 가득 차 있다면,
인간은 어떻게 해야 비극을 피할 수 있을까?

연아는 오늘도 여느 때와 다를 것 없는 하루를 보내고 있었다. 그리고 수업이 끝나자마자 마치 자석에 이끌리듯, 철학 수업이 열리는 강의실로 향했다. 차창 밖으로 가다 서다를 반복하는 수많은 차들, 어디론가 발걸음을 재촉하며 황급히 뛰어가는 인파를 멍하니 바라보다 어느새 목적지에 도착했다. 정말 별다를 것 없는 지루하고도 평범한 날이었다.

삶은 고통일까, 쾌락일까?

"여러분이 살고 있는 세계는 고통과 쾌락 중 어느 쪽에 더 가까울까요?"

독특한 헤어스타일을 한 노인이 강단에 서자마자 툭 질문을 던졌다. 날카로운 눈빛과 마른 듯 다부진 체격을 보며 사람들은 자기도 모르게 위축됐다. 첫 질문도 왠지 불편하게 느껴졌다.

"고통과 쾌락, 다 아닐까요?"

민수가 조소 섞인 말투로 말했다.

"전 쾌락 쪽이라고 생각해요. 고통이 없다면 그 즐거움이 얼마나 귀한지 어떻게 알겠어요?"

소미가 자신만만하게 대답했다.

"아닙니다. 세상은 고통스럽습니다."

노인이 오싹한 표정으로 대답했다.

연아는 조금도 놀랍지 않았다. 처음 들어올 때부터 오늘의 철학 선생님은 사람들을 향해 반가운 표정을 짓지도, 웃는 얼굴로 말을 걸지도 않았다. 시종일관 미간을 찌푸리며 엄숙하고 침울한 분위기를 풍겨대는 바람에 지켜보는 연아도 우울한 기분이 들었다. 요모조모 아무리 뜯어봐도 이 세상에 불만이 많은 사람 같아 보였다.

"단답형 답변에 놀라셨나요? 저는 비관의 세계에서 온 철학자 쇼펜하우어입니다. 염세주의자라서 무조건 이 세상에 대해 실망스런 말을 늘어놓는 게 아니라 저의 철학적 관점 때문에 세상은 고통스럽다고 믿는 겁니다. 제가 의지론에 빠져든 것과 연관 있지요. 무슨 반혁명 이론을 전파하려는 건 아니니까 오해하지 마세요."

쇼펜하우어였다! 꼭 만나고 싶었던 철학자였던지라 연아는 그의 강의에 집중하기 시작했다.

"전 괴짜 중의 괴짜입니다. 일부에서는 삶의 고통을 철학적 주제로 선택한 용기 있는 철학자라고도 하더군요. 고통받는 사람들을 보면 불쌍해서 세상을 비관하며 한탄하기도 합니다. 이런 습관 때문에 염세주의에 빠져들었지요. 한편으로는 저더러 나약하고 소심하다고 말하는 사람들도 있습니다. 뭐, 여러분은 편하게 생각하세요. 확실히 저는 나약한 철학자가 맞으니까요."

잠시 한숨을 돌리더니 쇼펜하우어가 말을 이었다.

"아버지는 매우 성공한 상인이었습니다. 어머니는 아주 유명한 작가였지요. 어릴 적부터 저는 그런 부모님 덕분에 유복한 환경에서 교육을 잘 받고 클 수 있었습니다. 그러나 사업에 실패하신 아버지가 건물 옥상에서 뛰어내린 후 저의 운명은 완전히 바뀌었습니다. 자살? 그건 어떤 상태에서 선택하는 걸까요? 그전까지는 잘 몰랐습니다. 물론 시도도 해본 적 없지요. 여러분은 사랑하는 가족의 자살을 목격한 적이 있나요? 흔치 않은 경험일 겁니다. 당시 저는 어렸기 때문에 자살을 경험한 것이 처음이었습니다."

분위기가 더더욱 숙연해졌다.

"그때부터 저와 어머니의 관계가 틀어지기 시작했습니다. 제가 아버지의 죽음을 어머니 탓으로 돌렸거든요. 작가인 어머니는 밤마다 사교 모임을 즐기느라 병든 아버지를 돌보지 않았습니다. 아버지는 혼자서 무서운 고통에 맞서다 끝내 목숨을 가볍게 생각해버리신 것 같아요. 어머니는 아주 낙관적이고 친화력이 뛰어나며 인생을 즐길 줄 아는 분이었습니다. 그러나 전 어머니의 영향을 조금도 받지 않았습니다. 오히려 거부감이 생겼고 불만만 쌓여갔습니다. 어머니와 정반대의 삶을 살아야겠다고 생각했습니다. 저의 염세주의는 그때부터 시작된 것 같군요. 그 탓에 여자라는 이성에 대해서도 그리 좋은 감정은 없게 돼버렸습니다. 한번은 이런 일도 있었습니다. 베를린에 머물던 때였어요. 집으로 어머니의 손님들이 오셨는데, 거실에서 어찌나 시끄럽게 떠들던지 정말 별것도 아닌 일로 요란스럽더군요. 그 상황을 도무지 참을 수 없었던 저는 최대한 예의를 갖춰, 다른 집에도 피해가 갈 수 있으니 조용히 대화하시거나 다른 곳에서 모이는 게 어떻겠느냐고 했지요. 대부분 수긍하고 나갔는데, 유독 한 여성만 제 말을 들어주지 않았습니다. 전 결국 강제로 그녀를 끌어냈습니다. 그 과정에서 약간의 몸싸움이 벌어졌는데, 그녀가 바닥에 쓰러지면서 오른손을 디뎠고 운이 나쁘게도 손목을 심하게 다쳐 일을 할 수 없게 되었습니다. 이후에 그녀는 저를 고소했지요. 전 저에게 잘못이 없다고 생각했습니다. 그러나 법원에서는 그녀에게 평생 연금을 지불하라는 판결을 내려버렸습니다. 그녀는 아주 건강한 상태였는데도 불구하고, 20년 가까이 전 그녀를 돌봐야 했습니다. 그녀가 마침내 죽었다는 소식을 들었을 때 그렇게 홀가분할 수가 없더군요. 당시 제가 느낀 감정은 '그녀가 죽었다. 마음이 가볍다'가 전부였습니다."

쇼펜하우어는 마치 본인의 이야기가 아닌 것처럼 태연하게 말했다.

"사람들은 제게 의심이 많다고 하더군요. 왜 그렇게 보는지 알고 있습니다. 하지만 상관없어요. 전 이 세계를 믿지 않거든요. 이곳은 고통으로 가득 차 있어요. 전 계속해서 벗어나려 노력했습니다. 혹시 제 돈을 노릴까봐 전 재산을 은밀하고 안전한 곳에 숨겨두고 알아볼 수 없게끔 라틴어나 그리스어로 기록하기도 했습니다. 여러 언어를 익혀두니 그럴 때 유용하더군요. 저는 세상에 대해 불신이 있기 때문에 항상 최악의 경우를 염두에 둡니다. 생각지 못한 사고는 준비가 안 된 사람에게만 일어나니까요. 이 컵 보이시나요? 공공장소에 비치된 컵을 사용하지 않으려고 늘 들고 다니는 개인 컵입니다. 같이 사용한다고 해서 꼭 전염병에 걸리는 것은 아니지만 가능성이 있다면 피하는 게 상책이지요. 이것 때문에 사람들에게 소심하고 나약하다는 비웃음을 사기도 했습니다."

결코 채워지지 않는 욕구의 비극

"인생은 시계추와 같습니다. 자, 좌우로 왔다 갔다 하는 시계추를 한번 떠올려봅시다. 시계추의 한쪽은 '고통'이고 다른 한쪽은 '권태'입니다. 욕구가 만족스럽지 않을 때 사람은 고통을 느낍니다. 그런데 만족스럽다면 권태를 느끼겠지요. 인생은 이렇듯 고통과 권태 사이에서 끊임없이 시계추처럼 흔들리고 있습니다. 제가 왜 이런 말을 할까요? 모든 생명은 본질적으로 고통스럽기 때문입니다. 인간의 본질은 욕구에 있습니다. 그리고 그 욕구의 바탕에는 필요함과 부족함이 있습니다. 이것이 곧 고통이지요. 이로 인해 즐겁다고 할 수도 있습니다. 하지만 우리 생명의 본질은 아니며 표상일 뿐입니다. 표상과 의지는 동일하며 함께 세상을 구성하지만, 결정적인 것은 그중 의지입니다."

쇼펜하우어는 청중을 둘러보며 자신의 컵에 물을 따라 마셨다.

"여러분, 여기서부터 잘 들으세요. 제가 말하고자 하는 의지는 현재 여러분이 알고 있는 것처럼 어떤 확고한 행동으로 어려움을 배제하며 목적을 이루려는 심리적 과정이 아닙니다. 이 의지는 일종의 '충동'입니다. 모든 인간이 태어날 때부터 갖고 있는 맹목적이고 억제할 수 없는 충동 말입니다. 어떠한 표상도 의지의 객체화일 뿐, 의지는 영원히 만족할 수 없고 어디에나 있는 욕구로 표출됩니다. 의지 자체는 목적도, 끝도 없습니다. 그것은 끝없는 추구입니다. 하지만 사회에서 인간의 본질적인 의지는 어떤 목적이 있습니다. 우리가 행동을 취하면서 의지와 행동은 일체화됩니다. 부족하니까 필요합니다. 필요하기 때문에 욕구가 생깁니다. 그래서 의지의 근원은 부족함으로부터 오는 고통입니다. 욕구에 만족하면 또 다른 불만족이 생기고 더 많은 욕구를 충족해야 합니다. 마치 거짓말을 다른 거짓말로 덮는 것처럼요. 여러분도 어떤 감정인지 느껴봤을 거예요. 욕구가 만족되는 시간은 매우 짧습니다. 풍족한 수준까지 미치기도 어렵지요. 당장 욕구를 만족시키는 대상이 나타났다고 하더라도 영원히 유지될 수는 없습니다. 언젠가는 그 만족감이 사라져요. 그래서 짧게 만족감을 느낀 대상은 고통에서 벗어나는 게 아니라 다른 형태로 고통이 연장되는 겁니다."

여기저기서 고개를 끄덕였다. 연아는 자칫 어렵고 무거울 수 있는 주제를 쇼펜하우어가 이해하기 쉽게 설명해준다고 생각했다.

"의지는 고통스러운 것이며 생명의 의지도 고통스럽습니다. 우리의 인식과 표상이 욕망에 지배된다면 우리는 영원히 행복과 평온을 얻을 수 없습니다. 고통에서 벗어나기 위해서는 포기해야 합니다. 의지의 속박에서 벗어나고 생명의 의지를 부정해야 합니다. 우리의 외적인 요소와 내적인 감정이 끝없는 욕망에서 벗어날 때, 우리의 인식은 비로소 의지를 위해 애써야 하는 족쇄를 버리게 됩니다. 고통스런 욕구와 동기에 집중하지 않고 사물과 의지의 관계에서 벗어나, 단순히 사물을 파악하고 인식하게 됩니다. 이해관계나 선입견 없이 정말 홀가분하게 사물을 대하게 되지요. 그러면 욕구로 인해 불안함을 느끼지 않습니다. 부족함 때문에 기쁨과 평온을 잃게 되는 일도 없습니다. 어떤 사물이나 현상을 인식하든 행복한 일로 받아들입니다. 하지만 이상적인 행복은 영원히 이어지지 않습니다. 논리적으로 가능할지 몰라도 존재하긴 어렵습니다. 이 세상은 만족할 수 없는 욕구 가운데서 발전하므로 결국 욕구의 고통에서 벗어날 수 없어요. 세상이나 개체에게 욕망이 없다면 그건 그들의 발전이 멈췄다는 것을 의미합니다. 말하자면 비극이 발전을 촉진시키는 것입니다. 세계가 비극적일 때 발전할 수 있으며, 그 속에서 인간도 끊임없이 생각하고 탐구합니다. 낙천주의자나 염세주의자 모두 근본적인 고통에서 벗어날 수는 없습니다. 그런데 낙천주의자는 현실을 피하고 자신이 짜놓은 가짜 세상에 속기 쉽습니다."

쇼펜하우어, 비극의 발단에 대해 말하다

"아, 선생님! 그럼 편안히 지낼 때도 늘 위험을 감지하라는 뜻으로 이해해도 될까요? 이 세상은 본래 비관적인 곳이라는 말씀이잖아요. 그런데 우리가 이 고통에서 벗어나려면 욕망을 포기해야 하는 건가요?"

소미가 조심스럽게 물었다. 아직까지 소미는 쇼펜하우어가 무섭게 느껴지는 모양이었다.

"비극은 두 가지 측면을 포괄합니다. 하나는 인간이 받는 고통이고, 다른 하나는 인간이 고통을 벗어나는 겁니다. 인간이 받는 고통 중 일부는 우연과 잘못에서 초래하지만, 대부분은 인간 스스로가 파악할 수 없는 겁니다. 가령 불의의 사고나 실수 같은 게 있지요. 또 다른 부분은 투쟁으로 인해 자신에게서 나타나는 겁니다. 인간 속에는 선악과 개체의 희망이 교차합니다. 개체에 따라 동일한 일에 대한 견해나 행동도 당연히 차이가 생깁니다. 같은 경우에도 불순한 동기가 있거나 태도가 올바르지 않은 사람들이 그래서 있는 겁니다. 사람들이 자신의 목적을 향해 나아갈 때 같은 의지로 노력하기 때문에 분쟁이나 갈등이 일어납니다. 심지어 같은 편끼리도 서로를 죽이는 상황이 벌어집니다. 그런 고통은 인간 스스로가 초래한 비극입니다."

이때 지난번 점잖아 뵈던 노신사가 질문을 했다.

"혹시 「크레이지 스톤」이라는 영화 보셨나요? 영화에는 보석을 훔치려는 두 도둑이 나옵니다. 둘은 서로 목적이 같아요. 그런데 보석을 지키려는 사람도 빼앗기지 않으려고 하다가 갈등이 생기고 이기적으로 행동하거나 이유 없이 서로 의심하는 상황이 벌어져요. 부자가 되고 싶다는 같은 의지를 갖고 있었는데도 충돌이 일어난 거지요."

그는 평소 영화를 즐겨보는 듯했다.

"맞아요. 이 세상은 수많은 의지가 교차하면서 구성된 고통 그 자체예요. 의지는 같지만 행동 방식이 다른 사람들이 있고, 또 의지는 달라도 행동 방식이 같은 사람들이 있지요. 어찌 됐든 간에 개체가 행동하는 순간 그 의지와 행동은 통일되고, 주관과 몸이라는 객관적인 요소도 하나가 됩니다. 그리고 그것이 이 세계를 전체적으로 연결합니다. 일반적으로 우리가 흔히 보는 고전 작품 속에 나오는 비극적인 인물들은 자기 자신이 원인이에요. 그들은 스스로를 벗어날 수 없는 고통에 몰아넣었기 때문에 결국 그곳에서 벗어나는 방식을 포기한 거예요. 자기를 고통에 빠뜨리는 고집스러운 집착을 포기해야 하고, 열렬히 바라 마지않는 향락도 포기해야 합니다. 의지의 자아를 포기하는 것이 무욕無慾이며, 이것이야말로 인생의 최종 목표가 되어야 합니다. 이는 미덕과 신성성의 가장 내재적인 본질이자 현세에서 해탈하는 방법입니다. 만약 어떤 작품 속에서 '고결'한 인물이 있다면 그는 길고 지루한 투쟁과 고통을 겪은 후 영원한 포기를 선택한 겁니다."

쇼펜하우어가 자신의 물컵으로 다시 한 번 목을 축였다.

"비극은 나쁜 일을 꾸미는 사람들로 인해 발단이 됩니다. 이런 비극에는 파괴를 유발하는 악랄한 비극과, 우연과 필연이 운명적으로 교차하는 비극이 있습니다. 또 자신의 관계로 인해 조장된 비극도 있습니다. 이 세 가지 유형 중 가장 바람직하면서도 불행한 비극은 세 번째입니다. 이때 사람들은 비극의 근원을 찾을 수 없고 자신에게서 원인만 봅니다. 비극을 거의 피할 수 없고 비극이 수시로 일어나게 됩니다. 그리고 고통스런 결과가 닥친 후에야 비극이 일어난 것을 인식합니다. 무섭지요. 자신이 간 곳이 전쟁터인지도 모른 채 격렬하게 싸우다 죽는 것과 같으니까요. 뒤늦게 '아, 내가 이미 지옥에 와 있었구나!' 하며 두려움에 떨겠지요."

이성적 인간의 비극적 운명과 삶

쇼펜하우어의 말투에서 사뭇 비장한 느낌마저 들었다.

"비극의 발생, 비극적 인물의 운명은 개체의 부족 때문이 아니라 인간 고유의 한계성일 수밖에 없습니다. 많은 사람들이 '인과응보'를 비극의 결말이라고 생각합니다. 그런데 개체가 비극적으로 끝나더라도 집단은 정의로운 승리로 끝납니다. 이런 역사의 진보는 도덕과 사회의 통일을 가져옵니다. 하지만 전 그렇게 생각하지 않습니다. 비극의 진정한 의미는 비극적 인물이 개인의 죄를 속죄하는 데서 그치는 게 아니라 원죄, 즉 생존 자체가 죄라는 것을 인식하는 데에 있는 겁니다. 저의 비극론에서는 선악을 나누지 않습니다.

피해자나 가해자 모두 똑같은 생명의 의지가 있습니다. 모든 개체마다 똑같은 결함과 모순이 있는 것과 마찬가지입니다. 다만 그들 자신이 의식하지 못할 뿐입니다. 결국 비극의 충돌은 정의와 불의, 선과 악 사이의 갈등이 아닌 의지와 자신 사이의 갈등입니다. 시간과 공간으로부터 독립적이며, 지식과 이성조차도 비극에 종속됩니다. 의지에 지배되어 자신이 허무하고 고통스럽다고 느끼게 됩니다. 게다가 이 의지가 계속 커지면서 시대정신도 달라집니다. 알고 보면 인간이 시대에 끼치는 영향이 의지에 따라 달라왔으니까요. 무슨 의미인지 가만히 생각해보세요."

쇼펜하우어는 이 말을 끝으로 깊은 여운을 남기며 황급히 교실을 떠났다. 처음부터 끝까지 그는 거의 일방적인 강의를 한 것만 같았다. 줄곧 엄숙한 표정의 얼굴에서는 일말의 즐거움이나 기쁨이라곤 찾을 수 없었다. 세상에 단 하나뿐인 염세주의 철학자! 집으로 돌아가는 길, 연아는 쇼펜하우어의 마지막 말을 계속 곱씹었다.

'선생님이 말씀하신 의지는 아마도 탐욕, 이기심, 향락, 허영 같은 걸 거야. 인간의 고유 본질인데 한계성이 있을 수밖에 없는 것들이지. 그래, 그렇다면 인간이 의지를 통제할 수 있을 때가 가장 이상적인 상태가 아닐까?'

왠지 생각이 한 뼘 자란 것만 같은 기분이었다.

8강

사르트르 선생님,
사랑도 자유롭게 할 수 있나요?

▸▸ **사르트르가 대답해주는 '자유' 이야기**

여러분은 사랑하는 사람이
자유를 원한다면
그렇게 해줄 수 있나요?

 사랑하면 소유하고 싶은 마음이 드는데, 자유롭게 두는 건 쉽지 않을 것 같아요.

 아무리 구속하고 싶어도 상대방이 자유를 원한다면, 그렇게 해야 하는 게 사랑 아닐까요?

▸▸ **생각해보기** ◂◂ ───────

인간은 본래 자유롭기를 원하는데,
사랑하는 사람과의 관계에서도 자유로울 수 있을까?

연아는 오늘도 어제처럼 평범한 일상을 시작했다. 평소같이 늦장을 부리다가 엄마의 잔소리에 겨우 씻고 밥을 챙겨 먹고 나왔다. 모든 학교 수업이 끝나고 오후에도 철학 수업을 들으러 가야겠다고 생각하던 참에, 엄마에게 문자가 왔다. 집에 과일칼을 바꿀 때가 됐으니 올 때 잊지 말고 사오라는 심부름이었다.

'왜 하필 나한테 이런 걸 시켜?'

투덜대던 연아는 그냥 가는 길에 미리 사둬야겠다고 생각하며 학교 근처에 있는 슈퍼마켓에 갔다가 할인 판매하는 과도를 보고 하나 골랐다. 덕분에 수업 시간이 빠듯해져서 오늘은 버스 대신 지하철을 타야겠다고 생각했다. 그런데 그때, 지하철 직원이 연아가 손에 들고 있던 투명 봉지 속 과일칼을 보고는 출입을 막았다. 칼처럼 위험한 물건을 소지하면 지하철을 탈 수 없다고 제지하는 거였다. 어쩔 수 없이 연아는 개찰구 밖으로 다시 나와 슈퍼마켓에 물건을 잠시 맡겨야만 했다. 왔다 갔다 하느라 결국 이래저래 몸만 피곤해졌다.

'내가 강도로 보이나? 막을 필요까지 뭐 있어!'

속으로 그 직원을 원망하며 연아는 초조하게 시계만 바라봤다. 그러다 철학 교실 쪽으로 가는 버스를 발견하고 얼른 탔다.

왜 인생을 자유롭게 살 수 없을까?

한 손에 담뱃대를 든 채 뿔테 안경을 쓴 노신사가 불쑥 나타나 말했다.

"미안합니다. 좀 늦었군요. 일찍 도착할 줄 알았는데 운이 좋지 않았네요. 오는 길에 계속 신호에 걸렸거든요. 빨간불에 걸리지 않기를 얼마나 바라면서 달렸는지 모를 겁니다. 브레이크 없이 그냥 쭉 밟고 싶었다니까요. 하하하. 물론 운전 실력도 좋아야 하고 차도 좋아야 하지만. 여하튼 불가능했네요!"

철학자의 유쾌한 인사말에 어색함보다는 친근함이 느껴졌다. 오늘의 선생님은 재치가 있어 보였다. 쇼펜하우어와 같은 묵직함과는 전혀 다른 분위기였다.

"아, 일단 소개부터 하지요. 전 사르트르라고 합니다. 프랑스에서 태어났어요. 아버지는 해군 장교였는데 어렸을 때 돌아가셨습니다. 그래서 아버지에 대한 기억이 거의 없어요. 그리고 어머니는 제가 열두 살 때 해군 엔지니어와 재혼하셨습니다. 새아버지는 당신이 이루지 못했던 수학에 대한 꿈을 저에게 권하셨지요. 그럴수록 전 수학 공부 대신 인문학에 더 빠져들었습니다. 이후에 전 문단과 철학에서 활동하게 되었지요. 지금 되돌아보면 수학을 단순히 싫어해서가 아니라 누군가가 내 삶을 좌우하는 게 불만이었던 것 같습니다. 내 인생을 남이 결정하고 지도해주는 걸 원치 않았던 거지요. 타인의 기호와 평가로 자기 삶을 계획할 필요는 없다고 생각했습니다. 저는 진정으로 위대한 사람이 되고 싶었습니다. 곧 자신의 의지로 사는 사람입니다."

사르트르는 처음부터 엄숙하거나 딱딱한 강의를 하는 대신 솔직하게 자신의 이야기를 들려주었다. 연아는 자기도 모르게 점점 빠져들었다.

"사실 오늘 주제는 '자유'인데요. 수업을 시작하기 전에 먼저 제 이야기를 들려주고 싶었습니다. 무슨 다른 의도가 있어서가 아니라 그저 순수하게 여러분과 제 인생 이야기를 나누고 싶었을 뿐입니다. 여러분이 사르트르라는 철학자에 대해 더 잘 이해할 수 있는 방법이기도 하고요. 그 이야기 속에서 여러분이 무언가를 배운다면 저야 영광이지요."

사르트르는 빙긋 웃으며 청중을 둘러보았다.

"1964년, 저는 노벨문학상을 받았습니다. 하지만 체제에 맞춰진 사람으로 평가받는 것을 원하지 않아 수상을 거부했습니다. 아, 놀랄 필요는 없습니다. 저를 잘 아는 사람들은 모두 고개를 끄덕였으니까요. 저는 줄곧 '정부가 주는 어떠한 명예도 받지 않겠다'고 말해왔습니다. 철학자의 행동이 사회에 어떤 반응을 초래하는지는 잘 알고 있었습니다. 저를 정부와 대립하는 좌파 지식인쯤으로 여기며 손가락질하는 사람도 있었지요. 한편으론 정부와 타협하지 않는 태도를 보며 마음을 더 굳건히 한 사람도 있었습니다. 뭐, 어떻습니까? 상관없습니다. 어차피 제 인생이니까요. 노벨상을 그냥 받았다면 아마도 돈에 매수된 기분이 들었을 겁니다. 지나치게 예민한 사람이 아닌가 생각하지 말고 그대로 존중해주셨으면 좋겠네요. 그것이 제가 생각하는 자유입니다. 프랑스의 데스탱 대통령을 아시나요? 여기 있는 여러분들이 모두 그분처럼 하길 바랍니다. 그는 아주 뛰어난 지도자였습니다. 저의 장례식에도 왔다고 하더군요. 대통령이 아닌 평범한 프랑스 시민으로서 말입니다. 그 이야기를 전해 듣고 그가 저를 있는 그대로 존중해준

것 같아 크게 감동했습니다. 사실 전 어떠한 이유 때문에 잘 싸우려 하지 않습니다. 사람들은 제 행동을 특이하게 보곤 했습니다. '전범戰犯 재판'에 참여해 공공연하게 미국의 범죄를 판결한 것도 말입니다. 전 이런 행동들이 지극히 당연하다고 생각합니다. 인간은 스스로 선택한 삶을 살아야 하는 거예요. 간단하지 않습니까?"

"선생님은 정말 자신감이 넘치시네요. 큭큭."

소미가 특유의 웃음소리를 내면서 말했다.

"자신감이요? 아, 그렇게 생각할 수도 있겠군요. 이게 제 본래 모습입니다. 어렸을 때는 이렇지 않았어요. 불행한 가정에서 자란 데다 체구가 왜소해 어디 내세울 만한 외모도 아니었지요. 지금 여러분이 보시는 모습 그대로입니다. 하지만 전 이런 외적인 것들에 영향을 받지 않았습니다. 그저 평범하지 않다고만 생각했지요. 다들 그렇게 넘기지 않나요? 청년이 되어서는 스피노자와 스탕달을 제 인생의 본보기로 삼기 시작했습니다. 다들 알다시피 그들은 위대한 철학자와 뛰어난 소설가이지요. 프랑스가 자랑하는 사상가들입니다. 당시 프랑스 문화계에서 그들은 거의 전무후무한 존재였어요. 그들을 절충시킨 인물이 바로 접니다. 봐요, 유명한 철학가면서 문학가가 됐잖아요. 하하."

사르트르의 호기로운 모습에 모두 화기애애하게 웃었다. 수업 분위기가 약간 달떴다.

"오늘의 주제인 자유를 설명하기 위해 길지만 여기까지 개인적인 이야기를 했습니다. 이제부터 본격적으로 자유에 대한 강의를 시작하겠습니다. 자, 다들 준비되셨나요?"

인간의 실존과 자유

"자유는 오래된 주제이지만 여전히 참신한 화두입니다. 역대 철학자들 사이에서 매우 관심이 높았던 문제이기도 하지요. 영원히 자유롭게 삶을 선택하며 살고 싶지만 마음먹은 대로 되지 않는 것이 또 인생이니까요. 그렇지 않나요?"

사르트르가 동의를 구하듯 물었다.

"이런저런 여건 때문에 사람들은 자유롭지 않다고 하지만, 전 아주 행복해요. 새장에 갇힌 새나 동물원에 영원히 있어야 하는 동물들에 비한다면 그런대로 자유롭잖아요."

소미였다. 소미는 갇혀 지내는 동물들이 떠올랐는지 안쓰러운 표정을 지으며 말했다.

"허허, 학생은 참 여린 마음씨를 갖고 있군요. 그러나 자유의 문제가 그리 간단하지만은 않습니다. 자유를 해석하려면 실존주의부터 논하지 않을 수 없어요. 제가 실존주의를 연구하는 목적이기도 하지요. 여기에는 자유의 내용뿐만 아니라 우리가 자유를 인식하는 태도도 포함돼 있습니다. '인간은 자유롭다.' 이것은 진리입니다. 저 역시 이 점에 대해 한 치도 의심한 적이 없습니다. 그런데 데카르트가 '나는 생각한다. 고로 존재한다'라는 관념을 통해 처음으로 의심하는 주체의 존재를 확정했습니다. 무슨 뜻일까요? 사고는 온전히 인간이 완성하는 겁니다. 신을 의심한 인간은 인간이 무엇인지, 인간의 힘이 무엇인지를 연구하기 시작했습니다. 하지만 합리적인 답을 찾진 못했습니다. 사람들은 아직도 우리 인간이 어디에서 왔고, 어디로 가는지 명확하게 모릅니다. 끝없는 전쟁과 비극을 보면서 어쩌면 인간이 신은 아닌지, 혹은 악마가 아닌지 의심하게 되기도 합니다. 우리의 존재는 도대체 어떤 의미일까요?"

사르트르는 아리송한 말과 함께 질문을 던졌다.

"아, 서론이 너무 길었나요? 여러분, 그럼 본격적으로 제가 이해한 '존재'에 대해서 이야기해보도록 하겠습니다. 좀 어려울 수도 있으니 귀담아 들어보세요. 세계에 있는 존재들은 크게 즉자卽自 존재와 대자對自 존재로 나뉩니다. 즉자 존재는 객관적으로 존재하는 사물로, 믿을 만한 규칙이 없고 우연성이 충만한 존재입니다. 이런 존재는 불편을 느낄 수 있습니다. 그러나 그 불편은 고통 같은 것과는 다릅니다. 물질 세계의 불규칙함으로 인해 찾아들 수 있는 불편함입니다. 반면 대자 존재는 인간의 의식을 가리킵니다. 즉자 존재에 대한 내재적 부정으로 자신을 규정합니다. 우리 인간은 이 두 존재 중 어디에 속할까요? 후자인 대자 존재입니다. 인간은 의식을 통해 자신에 대해 끊임없이 부정하고 또 자신을 드러내며, 그 과정에 의지하는 존재인 거지요. 미래를 계획하는 인간의 행동에는 무수히 많은 가능성이 존재합니다. 현재를 내포하고 미래의 결말을 찾습니다. 인간은 실존이 본질에 앞섭니다. 일단 존재해야만 인간의 특징과 행동의 대상을 말할 수 있습니다. 그러나 사물은 다릅니다. 사물 자체는 생각할 수가 없고, 이미 설계를 통해 제조되었기 때문에 본질이 실존에 앞섭니다. 여기서 반성할 줄 아는 인간의 위대한 능력이 더 잘 드러나게 됩니다. 아주 오랫동안 인간은 인간의 우월한 의식을 스스로 이해하지 못했습니다. 인간의 '자유'를 신의 선물쯤으로 이해할 뿐이었지요. 하지만 이제는 아닙니다. 지금부터 제가 정정할게요. 의식은 인간의 상징이자 다른 물질의 존재를 결정하는 근원입니다. 그래서 인간은 진정으로 자유로울 수 있는 겁니다. 인간의 실존은 자유입니다."

사르트르, 타인의 감정을 고려하는 자유에 대해 말하다

"좀 더 알아듣기 쉽게 실제적인 이야기를 해주세요. 그렇게 자유를 논하시면 추상적이라 잘 몰라요."

민수가 쌀쌀맞은 태도로 대꾸했다.

"아, 그랬나요? 좋아요. '실존이 본질에 앞선다'는 의미를 알려드릴게요. 우리는 어떤 본질이 지배하는 존재가 아닙니다. 우리는 본질보다 앞선 존재거든요. 자신의 능력으로 인생의 길을 개척할 수 있는 존재입니다. 이 이론은 사회적으로도 특별한 의미가 있습니다. 수많은 사람의 운명을 구했으니까요. 커다란 사회 속에서 복잡한 변화와 빠른 발전을 경험한 사람이라면 자신의 존재를 의심할 수도 있습니다. 자기 존재의 미미함과 무의미함을 느끼고 자살을 생각하는 경우도 종종 목격합니다. 사회 전반에 일어나는 무서운 현상이지요. 그러므로 '실존이 본질에 앞선다'는 관점은 흔들리기 시작한 존재의 목숨을 구해준 셈입니다. 실존은 우리 각 개체에 모두 존재합니다. 그리고 본질은 이미 확정된 상황입니다. 실존이 본질에 앞서기 때문에 세상 만물의 본질은 그 본질에 앞서는 '우리'가 결정하는 겁니다. 이렇게 본다면, 우리 인간이라는 존재는 그 자체만으로도 위대합니다. 우리는 세상에서 가장 자유로운 존재입니다. '자유로운 인간'이라는 주제를 구체적으로 설명하려면 당연히 우리의 '행동'에서 자유로운 상태를 설명해야겠지요. 우리의 행동 속 자유는 우리의 '선택'에서 집중적으로 구현됩니다."

잠시 민수를 향해 눈빛을 보내던 사르트르가 다시 말을 시작했다.

"모든 인간에게는 선택권이 있습니다. 사는 환경에 상관없이 살인범이든 아니든, 선택 장애가 있든 없든, 한 인격으로서 존재하는 모든 사람에게는 선택권이 있습니다. 여러분의 행동은 온전히 여러분 스스로가 결정한 겁니다. 과거에는 신이나 종교가 자신의 행동을 결정한다고 믿었지요. 그런데 누군가 '신은 죽었다'고 외치면서 사람들은 꿈속에서 깨어났습니다. 인간은 스스로 일어나 걸어야 합니다. 이 세상에는 인간이 반드시 어떻게 해야 한다는 규칙이 존재해선 안 됩니다."

"선택이요? 우리가 선택할 수 있는 권리는 자유라고 누가 그랬나요? 대부분 어쩔 수 없는 선택을 하지 않나요? 그런데 그걸 자유라고 할 수 있나요? 전 결혼하고 싶지 않아요. 구속으로 보이거든요. 하지만 어떤 책임이나 약속 때문에 상대를 선택해야 해요. 설마 이런 것도 자유라고 하시는 건 아니겠죠?"

또다시 민수였다. 왠지 불만이 가득 섞인 목소리였다.

"자유는 성공이나 실패, 좋음이나 나쁨 같은 구분선이 없습니다. 여러분의 선택이 강요든 자율이든, 그 선택으로 여러분이 자유를 얻든 잃든 간에 모두 자의로 된 것입니다. 선택 행위 자체가 자유란 겁니다. 예를 들어보겠습니다. 제2차 세계대전이 일어나자 한 젊은 청년이 군대에 입대해 나라에 충성할 것인지, 아니면 집에서 홀로 남은 어머니 곁을 지켜야 할 것인지 고민했습니다. 결정을 내리지 못하고 갈팡질팡하다가 제게 묻더군요. 전 이렇게 대답했습니다. '당신의 자유입니다. 스스로 선택하세요.' 이해가 되나요? 그러니까 제가 말하고자 하는 자유는 선택의 결과를 말하려는 게 아니라 선택 자체를 하는 자유를 뜻합니다. 아무것도 선택하지 않겠다는 것도 일종의 선택이지요. 선택하지 않는 것을 선택했으니까요. 여기서 마르크스의 변증법을 떠올리는 분도 있겠군요."

잠시 목을 축인 후 사르트르가 말을 이었다.

"하지만 개체로서의 우리 삶에는 현실적으로 어쩔 수 없는 잔혹한 순간들이 너무나도 많습니다. 우리의 행위가 자신의 존재에 대한 고려뿐만 아니라 시시각각 주변 존재들에게 영향을 미친다는 것을 깨닫게 됩니다. 자유를 누리려면 반드시 그 행위에 대한 책임을 져야 합니다. 독립된 개체는 사회라는 큰 덩어리와 분리될 수 없기 때문이지요. 자유는 절대적이고 무조건적인 게 아니라 책임을 동반합니다. 억지로 선택했다 하더라도 우리의 선택은 반드시 다른 사람에게 영향을 미칩니다. 자기 맘대로 하다가 타인에게 불편을 초래할 수 있지요. 이는 나의 자유가 타인의 자유를 침해하는 것이나 다름없습니다. 반대로 타인의 행동으로 인해 나의 자유를 방해받을 수도 있습니다. 이런 상황이 발생하는 것을 방지하기 위해 우리는 우선 타인의 감정을 고려할 줄 알아야 합니다. 행동의 결과를 예측하는 이성적 사고를 가져야 합니다. 우리가 한 집단 안에 생활하면서 타인의 감정이나 자기 행위의 책임을 고려하지 않는다면 우리에게서 자유는 영영 사라질 겁니다."

사르트르는 두어 걸음 앞으로 나왔다가 다시 중앙으로 돌아갔다.

"사회제도의 변화도 마찬가지입니다. 모든 사람이 자유를 누릴 수 있는 유일한 방법은 제도 개편뿐입니다. 통일된 규정, 법률, 제도를 가지고 국민의 자유를 보장하는 동시에, 국민이 자유롭게 타인의 감정도 고려해야 한다는 점을 이해시켜야 합니다. 누구든 제멋대로 행동한다면 결국 자신의 자유도 잃을 수 있다는 사실을 명심해야 합니다. 즉 타인의 자유와 함께 자기 자신의 자유까지 파괴되는 거지요."

이때 소미가 약간 흥분한 목소리로 말했다.

"선생님, 질문 있어요. 과거 노예사회나 봉건사회를 보면, 자유를 누리던 사람들이 자기 기준에서만 규칙을 정하고 다른 사람들의 자유는 보장하지 않다 보니 결국 모든 자유가 깨졌잖아요. 지금 우리는 평등사회에서 법률, 제도, 도덕적 기준의 제약을 받긴 하는데, 이러한 제약 조건들은 우리의 자유를 보장하기 위해 존재하는 거잖아요. 이런 제약이 없다면 우리는 또 어디서 타인으로부터 파괴되지 않는 자유를 누릴 수 있을까요? 결국 자유는 책임을 져야 한다는 것인가요?"

사르트르는 담배를 입에 그대로 문 채 대답했다.

"맞아요. 자기 존재는 자기가 책임져야 합니다. '신이 존재하지 않는다면 모든 것이 허용된다'는 도스토옙스키의 말처럼 인간 스스로 결국 창조해야 합니다. 자신의 의지에 따라 결과를 선택하는 겁니다. 인간은 자유롭습니다. 다른 사물들이 인간의 '선택하는 어려움'을 설명하는 핑계가 될 수 없습니다. 세계 속에 존재한 그 순간부터 인간은 자신의 모든 것을 위해 책임을 져야 합니다. 이는 신의 존재 여부나 인간의 어떤 상황과는 무관합니다."

서로의 자유를 존중하는 사랑

"이 자리에 앉아 있는 여러분 중에 혹시 이런 느낌이 든 적 있나요? 누군가의 앞에서 추태를 부렸을 때 부끄럽거나 괴로웠던 기억 말이에요. 혹은 상대방의 기억에서 '자신'을 완전히 지우고 싶다는 생각이 든 적이 있었나요?"

사르트르의 질문에 모두 한 번씩은 그런 경험이 있었는지 고개를 끄덕였다. 그때 수연이 입을 열었다.

"아, 왠지 그 느낌 알 것 같아요. 제가 원래는 조용한 성격인데 작은 오해 때문에 선생님 앞에서 친구를 난처하게 만든 적이 있었거든요. 그 사건 이후로 전 무척 괴로웠어요. 그 친구에게 화를 내는 순간 저는 이성을 잃어버렸다는 걸 깨달았지만 멈추지 않고 계속 화가 나더라고요. 그땐 그 친구가 저를 괴롭히는 것만 같았어요."

수연이 망설이는 듯 천천히 자신의 경험을 털어놓았다.

"그랬군요. 아마 수연 학생이 화를 냈을 때 스스로도 느끼고 의식했을 거예요. 어쩌면 남의 시선 때문에 오히려 더 화가 났는지도 모르지요. 수연 학생이 절대로 볼 수 없는 자기의 모습을 남들은 관찰하고 원래 없었던 이미지까지 만들어버릴 수 있으니까요. 타인이 나를 '관찰'할 때 그에게서 '자신'을 빼앗아오고 싶은 심리가 있습니다. 일반적으로 수치심이나 부끄럼을 느끼게 하는 매개체 중 빠질 수 없는 것이 타인입니다. 나의 존재는 자유롭지만, 타인과의 관계에서 타인은 나의 몸을 인식하고 이용할 수밖에 없는 겁니다. 이 말이 무엇이냐면 곧 우리는 타인이 인식하는 모습으로도 존재한다는 뜻입니다. 마찬가지입니다. 여러분도 다른 사람을 볼 때, 각자의 시선으로 상대를 평가하지 않나요? 이로 인해 자신과 타인 사이에 갈등이 존재하는 것입니다. 상대의 눈에 비친 우리는 본래 모습과 다를 수 있으니까요. 아이러니하게도 우리는 상대방에게서 자신의 존재를 되찾으면서 상대방의 존재를 박탈하고 싶어 합니다. 이런 관계에서 빠질 수 없는 주제가 있지요. 바로 '사랑'입니다."

사르트르는 흥미로운 표정으로 사람들을 둘러보았다.

"사랑은 관계입니다. 그 관계 속에서 온갖 방법을 동원해 상대방을 자신의 소유로 만듭니다. 그런데 사랑은 폭력을 가장 싫어합니다. 폭력으로 쟁취한 사랑은 상대방의 자유를 빼앗습니다. 진정한 사랑을 원한다면 상대방이 복종해야 합니다. 상대방이 스스로 원하는 상황일 때 상대방을 소유하는 거지요. 상대방이 원하지 않으면 그 사랑은 흥미가 없습니다. 진정한 사랑은 그 상대방이 자유롭게 스스로를 결정하는 데서 비롯된다고 생각합니다. 예를 들어볼게요. 소설가로도 유명한 보부아르가 저와 깊은 사이라는 건 아마 다들 아실 거예요. 그녀는 제 아내이지만 아내가 아닙니다."

아내이지만 아내가 아니라는 사르트르의 말에 모두 어리둥절한 표정이 되었다. 청중의 반응을 본 사르트르가 웃으며 말을 이었다.

"무슨 말이냐고요? 저희는 결혼을 하지 않았지만 여느 부부보다 더 친밀한 친구로, 또 인생의 동반자로 지냈거든요. 그녀와 사랑하면서 저는 이상적인 사랑을 실현했습니다. 서로 사랑의 '동맹'을 맺기도 했지요. 우리는 허물없이 관계를 유지하면서 늘 모든 것을 털어놓고 서로를 속이지 않기로 했어요. 거짓을 말하지 않고 영원히 진실한 마음으로 사랑하자고 다짐했습니다. 다만 서로의 우연한 만남이나 부차적인 사랑을 방해하거나 막지는 않았습니다. 소위 일부일처제의 결혼 같은 사회적 제도를 거부한 거지요. 하지만 우리는 여전히 서로를 사랑합니다. 이런 독특한 사랑은 절대 한쪽이 일방적으로 결정할 수 없고 당연히 서로의 동의와 믿음이 만들어낸 것입니다. 그녀가 저를 선택해서 지금의 시몬 드 보부아르가 된 것이 아니라 그녀가 본래 시몬 드 보부아르였기 때문에 저를 선택한 겁니다. 물론 저에게는 영광이자 행운이지요. 이제 친구로서 여러분에게 조언해주고 싶네요. 누군가를 사랑하고 또 사랑받고 싶다면 그와의 관계에서 자유를 지켜줘야 합니다. 사실 쉬운 일은 아니지만요. 자, 오늘 수업은 여기까지입니다. 어느 정도 궁금증이 풀렸나요? 다음에 또 만나고 싶군요. 이 시간이 무척 그리울 것 같거든요."

사르트르의 수업은 이렇게 끝이 났다. 하지만 마음속 여운도 끝이 나지 않았다. 아주 특별한 수업이었고 특별한 선생님이었다. 연아는 마지막에 그가 말해준 '자유로운 사랑'에 대해 생각했다. 사르트르와 보부아르의 특별한 사랑에 감탄하면서도 한편으론 부러운 마음이 들었다.

그리고 강의실로 오는 길에 있었던 '과일칼 사건'을 떠올리며 어렴풋이 자유에 대해 알 것만 같은 미소를 지었다.

아렌트 선생님,
사람은 일하지 않고는 살 수 없나요?

▶▶ 아렌트가 대답해주는 '일' 이야기

일을 하면서 1분 1초라도
싫증을 내지 않은 적이 있나요?

 그런 사람은 아무도 없을걸요. 먹고살기 위해 어쩔 수 없이 하는 사람이 많죠.

 취미가 일이 된다면, 괜찮을 수도 있을 것 같아요.

 스스로 즐거움을 찾는다면 일도 즐거울 수 있지 않을까요?

 정말 그럴까요? 어려울 것 같은데…….

▶▶ 생각해보기 ◀◀

경쟁이 치열한 현대사회에서, 즐겁게 일한다는 건
막연한 꿈인 걸까?

"열여덟 살의 앳된 소녀는 지식에 대한 무한한 열정으로 꿈에 그리던 대학에 입학했습니다. 어느 날 소녀는 교수님에게 불려갑니다. 비가 오는 날이었지요. 소녀는 우의를 벗고 매우 긴장한 모습으로 교수님과 대면했어요. 그리고 소녀는 철학, 종교, 가정 등 다양한 사회적 주제를 가지고 교수님과 이야기를 나눴습니다. 길고 긴 대화 속에서 소녀는 교수님의 지식과 정신에 흠뻑 빠져버렸습니다. 며칠 후, 소녀는 자기 앞으로 온 한 통의 편지를 받았습니다. 편지를 보낸 사람은 다름 아닌 그때의 교수님이었지요. 소녀는 말로 표현할 수 없을 정도로 기뻤습니다. 두 번째 편지를 받고 나서부터는 헤어날 수 없을 만큼 교수님에게 깊은 사랑의 감정을 느끼게 되었습니다."

오늘의 철학 선생님은 뜻밖에도 여자분이었다. 그것도 감수성이 풍부한 철학자였다. 자신의 이야기인 것 같기도 하고 아닌 것 같기도 한 애매한 상황에서 담담히 이어졌다.

"소녀는 조심스럽게 연정을 품기 시작했지만, 언제부턴가 교수님은 소녀를 멀리하더군요. 이로 인해 소녀는 마음의 상처를 입고 고통스러운 나날을 보내야만 했습니다. 그리고 이때부터 소녀는 연구에 몰두했습니다. 한때 사랑했던 사람을 조용히 응원하면서 말이지요. 자기 자신은 물론 사상과 업적도 숨긴 채 교수님의 자존심과 체면을 지켜주기 위해 애썼습니다. 그러던 중 소녀는 학문을 대할 때 진지해야 함을 깨닫고는 갑자기 수습하기 어려울 정도로 폭발해버리고 맙니다. 이 사실을 안 소녀의 스승도 웬일인지 크게 분노했지요."

매우 독특한 방식으로 자신을 소개하는 철학자의 모습에 모두 멍한 표정을 지었다. 강단에 선 철학자는 수수한 차림이었지만 우아함을 잃지 않았다. 머리부터 발끝까지 고귀함이 느껴졌다. 사람들은 매력적인 입술 사이로 흘러나오는 선생님의 이야기에 깊이 빠져들었다.

먹고살기 위해 하는 일이 왜 중요할까?

"정작 인사를 안 했네요. 안녕하세요. 한나 아렌트입니다. 여러분을 만나서 정말 기뻐요. 방금 들려드린 이야기의 주인공은 바로 저예요. 그 교수님은 누구냐고요? 이미 만난 적이 있을 거예요. 하이데거 선생님입니다. 최근에는 만난 적이 없어요. 아마도 서로에게 더는 화를 내고 싶지 않아서일 거예요. 자, 시간이 지체되었으니 이제 이 얘기는 그만하고 본론으로 들어갈까요?"

인사가 끝나자 사람들은 더욱 집중해 듣기 시작했다. 부드러운 표정으로 아렌트는 다시 말문을 열었다.

"전 삶이란 복잡한 문제라고 생각합니다. 삶이란 무엇일까요? 삶은 먹고 사는 문제와 직결된다고 생각하는 사람이 아마 많을 거예요. 그로 인한 스트레스로 많은 사람들이 생존의 압박을 받기도 하니까요. 인터넷에서 이런 말을 본 적 있어요. 태어나고生 사는活 건 쉽지만, 생활生活은 쉽지 않다! 아주 일리 있는 말이에요. 생활, 즉 삶은 생존의 상태입니다. 삶의 질을 높이며 사는 사람이 있는가 하면, 단순히 배를 채우기 위해 사는 사람도 있어요. 그런데 전자든 후자든 모두 한 가지 조건이 전제되어야 하는데 바로 '노동'입니다. 그동안 정치에 대해 저는 수많은 글들을 통해 자세히 서술해왔습니다. 그러나 삶에는 그다지 영향을 끼치지 않았지요. 사실 정치를 연구하면 필연적으로 '사회'라는 개념도 연구해야 합니다. 삶과 사회는 밀접한 관련이 있고, 정치와 사회는 상호 의존적인 관계이기 때문입니다. 물론 오늘의 수업 주제는 정치가 아닙니다. 이 문제는 약간 민감하기도 하고 또 지루하기도 하거든요. 여러분에게 괜한 고민을 안겨드리고 싶지 않기 때문에 오늘은 삶에 대해서 이야기하도록 할게요. 일단 이 사회에 대해 이야기해볼까요? 그래야 삶을 이해하는 데 도움이 되거든요."

아렌트의 말에 모두 고개를 끄덕였다. 따뜻하고 정감 있는 목소리였다. 사람들은 모두 편안한 표정으로 강의를 들었다.

"전 독일에서 태어난 유대인입니다. 아시다시피 유대 민족은 자기 국가가 없이 세계 각지에 흩어져 살고 있지요. 유대인은 인류 역사상 가장 잔인한 학대를 받았던 민족입니다. 말살해 없애려는 대학살이 자행되었지요. 지금의 여러분은 아마 상상조차 할 수 없을 거예요. 운 좋게 살아남았어도 온갖 배척과 핍박에 시달려야 했습니다. 저도 당시에 그 고통을 겪었어요. 유대인의 신분으로 고향을 떠나 머나먼 이국땅으로 가야만 하는 고통은 이루 말로 다할 수 없습니다. 대부분의 유대인에게는 소속감 같은 것이 거의 없다고 감히 말할 수 있어요. 국가도, 정치도 정착되지 못한 민족이거든요.

그래서 제가 사회나 정치 같은 주제에 대해 더 민감한지도 모르겠네요. 저의 초기 작품 중에 『라헬 파른하겐: 어느 유대인 여성의 삶』이란 책이 있어요. 라헬 파른하겐이라는 유대인 여성이 희망과 열정을 품고 혼자만의 힘으로 사회 속에서 살아가기 위해 애쓰는 모습으로 등장합니다. 그러나 그녀는 차차 실망과 무력감을 느낍니다. 사회는 책 속의 정치처럼 자유롭지 않았고, 인간에게 자유와 평등을 제공하지 않는 공간이었지요. 오히려 편견과 무시로 가득 차 있었고 어딜 가든 혈통, 가문, 돈, 권력이 존재했습니다."

잠시 말을 멈췄다. 마음속에 작은 동요가 인 듯했다. 그러나 아렌트는 다시 평정심을 찾고 말을 이었다.

"세상의 기준에 의해 인간은 여러 등급으로 나뉩니다. 사실 이런 사회적 문제는 정치적 문제와는 다릅니다. 사회에는 생계와 직결된 문제가 산재해 있습니다. 예를 들어, 한 끼의 식사나 가난 같은 문제들은 사회경제적인 문제에 해당합니다. 공공의 문제가 개인의 문제로 축소될 수도 있지요. 반면 정치는 완전히 제도적인 문제이기 때문에 가정의 문제로 축소될 수 없습니다. 공공의 문제로만 존재할 뿐이지요. 따라서 저는 정치 논리로 사회적 문제를 해결할 수 없다고 생각합니다. 정치 문제는 과거 정권을 뒤집고 새 정권을 수립하는 혁명으로 해결할 수 있습니다. 하지만 사회의 문제는 정치적 문제가 해결되면 자연스럽게 드러나거나 잠재돼 있던 문제가 더 커져 그 자리를 대체하게 됩니다. 즉 자유를 수립하면 먹고사는 문제가 등장하게 되는 거지요. 언젠가는 먹고사는 문제가 정치적 문제를 완전히 잠식할지도 모르겠습니다. 혁명은 늘 바람을 일으키니까요."

이때 소미가 갑자기 손을 번쩍 들며 질문을 했다. 역시 소미는 이런 현실적은 문제에 관심이 많은 듯했다.

"선생님의 말씀대로라면 모든 문제에 끝이 없을 것 같은데요? 정치적 갈등과 사회문제가 교차하면서 잇달아 발생하면 조화로운 순간은 영원히 존재할 수 없지 않을까요?"

아렌트가 약간 망설이며 답변했다.

"음, 그렇게 말할 수도 있겠네요. 우선 정치와 사회를 확실히 구분해야 합니다. 그 둘을 동일시해선 안 되거든요. 사회가 인간의 수요와 욕망을 만족시키는 시스템이라면, 정치는 물질과 욕망을 서로 분리시키는 시스템입니다. 인간에게 자유를 주고 인생의 의미를 부여할 뿐이지요. 정치 영역에서는 사회문제를 해결할 수 있는 방법을 찾을 수 없습니다. 정치적인 방식으로 사회문제를 해결하려는 시도는 오히려 군중의 공포를 야기할 뿐입니다. 지금까지의 혁명에서 입증된 사실이지요."

아렌트는 내용을 급하게 정리했다. 입술을 달싹거리는 모습이 아직 할 말이 남아 있는 듯했지만 차마 입 밖으로 내뱉지 못하고 있었다. 다음 말을 기다리던 사람들은 어리둥절했다. 이때 청중 속에서 조용히 있던 노신사가 아렌트를 대신해 말했다.

"말하지 못할 사정이 있는 것 같군요. 대충 다 이해하긴 했습니다. 일부 정부가 정치인의 상업 활동을 금지하는 것과 비슷한 맥락이 아닐까요? 정치와 경제가 서로 관련이 있으면 정치가 혼란을 겪을 때 경제도 변하기 마련인데, 그럼 확실히 해결하거나 매듭짓기가 어렵겠지요!"

이렇게까지 깔끔하게 정리할 줄이야! 연아도 고개를 끄덕이며 호응했다.

일에 싫증이 나는 진짜 이유

"제 입장을 대변해 말씀해주시니 감사합니다. 이 문제는 그럼 여기까지 하고 다음으로 넘어갈까요? 정치는 '인간 자유의 구현'이라는 말들을 합니다. 그러면서도 사람들은 '먹고사는 문제'에 더 관심을 갖는 것 같아요. 대체로 정치는 자신들과 무관하지만, 먹고사는 문제는 아주 중요하다고 생각하니까요. 심지어 생계에만 맹목적인 관심을 두다가, 정치와 다른 문제의 경계를 나눌 수 없는 지경에 이르기도 합니다. 자, 이제부터 이 '먹고사는 문제'를 이야기해볼게요. 이것은 사실 뻔한 경제문제입니다. 바꿔 말하면 생계의 문제이지요. 이 생계를 해결하기 위해 우리는 어쩔 수 없이 일을 합니다. 노동을 해야만 수입이 생기니까요. 물론 생활보조금을 받는 계층처럼 일하지 않고 정부의 지원으로 사는 사람들도 있지요. 또 부동산 등 소유한 재산이 많아 호화로운 생활을 유지하는 부유층도 있고요. 그러나 대다수는 아닙니다. 그럼 여기서 질문 하나 할게요. 혹시 지금 하는 일에 염증을 느낀 분이 있나요? 1분 1초라도 싫증을 낸 적이 있나요?"

"그렇게 물어보시면 '아니오, 한 번도 없는데요'라고 대답하는 사람이 있을까요? 아마 아무도 없을걸요."

민수가 말하면서 주위를 둘러봤다. 진짜 민수의 말대로 모두 조용했다.

"하하. 당연히 싫증을 느끼시겠지요. 물론 정도의 차이는 있겠지만요. 사실 많은 사람들이 사회에 첫발을 내딛는 순간에서부터 얼마 지나지 않아 일에 싫증을 냅니다. 왜 그럴까요? 일할 때 구속받는 느낌이 들고 자유롭지 못하다고 생각하기 때문입니다. 모두가 똑같진 않겠지만 대체로 남자는 양복을 입고 넥타이를 매며, 여자는 힐을 신고 화장을 합니다. 대부분 직장인들이 그렇지 않나요? 천편일률적인 차림새가 많지요. 개성도 많이 사라졌고요. 그런데도 일이 정말 좋다고 느끼는 사람은 거의 없을 거예요. 물론 일을 좋아하는 사람도 있어요. 그런 사람이라면 그래도 운이 따르는 편이지요. 그들은 왜 일을 좋아하는 걸까요? 인도의 사상가 타고르는 '나는 일을 하면서 게으름과 부도덕과 욕망에서 멀어진다'라고 말했습니다. 사람마다 일을 다르게 이해하고 받아들입니다. 기회가 닿는 대로 마지막 날까지 일하고 싶어 하는 사람이 있는가 하면, 일이 있어도 하기 싫어하는 사람이 있습니다."

그때 소미가 갑자기 끼어들었다.

"선생님, 일을 통해 이상을 실현시키는 사람들도 있잖아요. 가끔 텔레비전에서 봤는데, 그들은 정말 그 일이 좋아서 하는 것 같았어요. 취미처럼 재미있으면 싫지 않나 봐요."

"물론이지요! 사실 그것이 가장 이상적인 상태입니다. 꿈을 이루기 위해 열심히 노력하면서 일을 하니까요. 하지만 현실은 아주 극소수만이 자기 직업에 권태를 느끼지 않는다고 해요. 극소수를 제외하고는 대부분 생계를 위해 일을 하지요. 고생도 마다하지 않고 죽도록 일을 하기도 합니다. 그들은 심리적으로 당장 너무 싫더라도 그 싫증 나는 일을 끝까지 하려고 합니다. 왜 그럴까요? 지금 먹고살려면 어쩔 수 없거든요. 일을 위해 다른 모든 것을 희생하는 거예요. 이렇게 하면 일에 더 염증을 느낄 수밖에요. 매우 고통스럽고 위험한 상태입니다. 특히 사회 초년생인 청년들이 자기 직업에 권태를 느껴버린 경우가 더욱 그렇습니다."

아렌트, 인간의 조건으로서 일을 말하다

"제가 쓴『인간의 조건』이라는 책을 보면 '노동'과 '작업'의 개념이 명확히 구분되어 있습니다. 저는 이 책에서 인간이 살면서 하는 활동을 노동, 작업, 행위 세 가지로 구분했습니다. 궁금하신 분들은 한번 읽어보세요. 당시 노동과 작업의 문제를 논한 사람은 거의 없었어요."

아렌트는 생긋 웃으며 다음 말을 이었다.

"사실 두 단어는 어원 자체가 다릅니다. '노동'은 인체의 생물학적 과정에 대응하는 개념으로, 체력을 소모하고 자연계에서 에너지를 교환하는 활동을 말합니다. 사람마다 자연적인 성장이나 신진대사, 그리고 죽음까지도 노동의 제약을 받습니다. 노동은 인간과 동물의 공통점이라고도 말할 수 있습니다. 즉 노동은 생명 자체이자 자연성입니다. 그렇다면 '작업'은 어떨까요? 작업은 자연적이거나 천부적인 것이 아닙니다. 인간이 원재료를 활용해 일정한 기준에 따라 진행하는 활동입니다. 그것을 통해 만든 작업물, 즉 성과가 영구적입니다. 작업은 인간 자신의 존재와 자연적인 관계가 없는 활동입니다. 예를 들면, 작업을 통해 도구를 만들고 건물을 설계하는 활동 같은 것이 있지요. 노동은 인간의 생리적인 기본 조건을 만족시키지만 작업으로 만든 것은 자연계와 완전히 다른 '인공적인 세계', 즉 문명 세계라고 볼 수 있습니다."

사람들은 그 어느 때보다 집중하고 있었다.

"자, 이제 마지막으로 '행위'입니다. 행위는 인간의 완전한 자유로운 활동으로, 필연성의 제약을 받지 않고 공리적인 동기에도 좌우되지 않습니다. 어떠한 매개체의 도움 없이도 가능한 인간의 유일한 활동입니다. 행위를 실현하는 전제는, 타인이 자리에 있지만 타인이 자리에 있다는 영향을 받지 않고 그와 교류하는 겁니다. 행위는 인간의 개성을 드러내며 인간의 집단성으로 구현됩니다. 아울러 각 개인의 개체로서의 색채가 나타나므로, 타인과 구분하고 개체의 뛰어난 개성을 표현합니다. 여기서 또 정치 이야기를 해야겠군요. 정치 생명의 중요한 조건은 '집단성'이기 때문에 사람들 간에는 교류가 필요합니다. 이런 점에서 볼 때 세 가지 기본 활동 중 행위는 이 조건에 가장 적합합니다. 충분조건이면서도 필요조건이지요. 노동과 작업에는 없는 부분이거든요."

아렌트는 이야기가 길어지자 잠시 물을 들이켰다.

"우리는 확실히 노동과 작업을 구분할 수 있습니다. 어떤 의미에서는 작업이 우리의 자아 가치를 더 드러낼 수 있습니다. 노동과 달리 우리가 반드시 해야 하는 일이며, 이상과 자신의 가치를 실현하는 것도 포함될 수 있습니다. 작업은 노동에 비해 자유롭습니다. 그런데 행위는 작업보다 더 자유롭습니다. 행위와 작업이 일치하는 사람은 당연히 가장 행복한 사람입니다. 마치 예술가들이 자기가 좋아하는 일을 하고 그 일을 이상이라고 여기는 것처럼 말이지요. 여기에는 전제조건이 있습니다. 공리적 사물의 제약을 받지 않는다는 겁니다. 요즘 같은 현실에서는 쉬운 일이 아니랍니다. 그렇지 않나요? 작업 속에서 무한한 즐거움을 느끼려면 우리가 어떻게 그 즐거움을 찾느냐에 달려 있습니다. 그리고 그 일을 어떤 것에도 얽매이지 않고 홀가분한 기분으로 할 수 있어야겠지요. 같은 사물이라도 보는 사람에 따라 견해가 다른 건 당연하니까요."

일을 즐겁게 하는 방법

"선생님, 일 속에서 홀가분한 기분과 즐거움을 찾아야 한다는 말씀은 너무 감상적인 이야기인 것 같아요."

민수였다. 그는 뭔가 불만이 찬 표정으로 계속해서 질문했다.

"그거 아세요? 실제 사람들이 매일 하는 업무량은 정상적인 업무량보다 훨씬 많아요. 여기서 '정상적'이란 근무 시간 안에 점심 시간, 화장실 가는 시간, 간식 시간, 잠시 창밖을 보며 쉬는 시간 등이 포함된 거예요. 그런데 9시간 내에 주어진 일을 완료하려면 먹거나 쉬지 않아야 하고, 작업 구역을 벗어나지도 않아야 하며, 항상 맑은 정신을 유지해야 할 뿐만 아니라 게으름도 피워선 안 돼요. 그렇지 않으면 해야 할 일을 다 하지 못한 채 야근을 해야만 하니까요. 뭐, 물론 시간 관리를 잘하는 사람도 있겠죠. 한가하게 온종일 별다른 일을 하지 않는 사람들이야 제외시키고요. 그런데 재미있는 것은 그들도 자신의 상황을 불평하며 바쁜 사람을 부러워한다는 거예요. 참 상대적인 것 같아요. 정말 궁금한 게 있는데요. 선생님께서 말씀하신 대로 모든 사람들이 스스로 원하는 일만 찾으려 한다면 실업 인구는 반대로 훨씬 많아지지 않을까요? 인력난으로 부도를 맞는 회사도 생길 테고요."

민수의 발언은 이곳에서 수업을 경청하는 사람들의 생각을 대변하고 있었다. 여기저기서 깊은 한숨이 들렸다.

아렌트가 특유의 잔잔한 말투로 답하기 시작했다.

"맞아요. 현실은 현실이니까요. 지금의 사회는 제가 살던 때의 시대와는 크게 다릅니다. 여러분 세대가 받는 스트레스가 확실히 더 심할 거예요. 요즘 사람들은 우리 때처럼 꿈꾸는 것만으로 만족하지 않지요. 아니, 만족하며 살기 힘들게 되었지요. 돈과 사회적 지위는 인생의 가치에 중요한 부분이 되어버렸어요. 극심한 압박감 탓인지 사람들은 혼자만의 공간과 시간을 간절히 바라는 것 같아요. 모든 사람들이 풍족한 삶이 가능한 사회를 꿈꿉니다. 그런데 일하지 않고 사는 것이 좋기만 할까요? 하루 종일 아무것도 하지 않는 사람도 어느 순간 삶에 염증을 느끼고 바쁘게 일하는 다른 사람들을 바라보며 부러워할 수 있어요. 왜 그럴까요? 앞서 잠깐 말했지만 일도 그 나름의 매력이 있습니다."

아렌트는 잠시 반응을 살폈다. 열띤 강의가 계속 이어졌다.

"마르크스가 자본주의 경제체제의 분업 노동이 인간을 소외시킨다며 강하게 비판했잖아요. 노동의 분업은 인간의 정신과 육체를 기계화하고, 노동자의 노동 행위와 생산물을 괴리시켰습니다. 인간의 생존은 이것과 본질적으로 차이가 있습니다. 그래서 이러한 생존 상태를 바꾸려면 단순히 기계적인 노동 상태에서 벗어나 작업 중 일과 휴식을 적절히 배합해야 합니다. 꿈꾸던 것처럼 내 일이 소중하지 않더라도 최소한 일을 원망지는 말아야 합니다. 나름의 절충안을 세워야 합니다. 제가 추천해주고 싶은 활동은 그중에서도 여행입니다. 여행은 스트레스를 해소할 수 있는 아주 좋은 방법입니다. 주말에 근처에서 바람을 쐰다거나 휴가를 받아 해외로 나간다거나 해서 잠시나마 현실에서 벗어나는 겁니다. 적당한 시기에 일에서 잠시 벗어나면 즐겁고 새로운 생활을 누릴 수 있습니다. 언제 끝날지 모르는 무료한 일이 계속되더라도 심리적인 압박을 느끼지 않게 말입니다. 생활을 완전히 바꿀 수 없다면, 최대한 일과 자기 삶 사이의 균형을 유지하세요.

자, 무슨 말인지 대략 아시겠지요?"

기척도 없이 깜짝 등장했던 아렌트는 마지막 순간에도 아무 인사 없이 홀연히 자리를 떴다. 오늘 수업은 모두에게 큰 감동을 준 듯했다. 현재 상황에서 완전히 벗어날 용기가 없는 사람들에게 적어도 일과 생활 속에서 더 많은 즐거움을 찾기 위해 노력하라는 따뜻한 조언을 남겨주었다. 그러다 보면 어느새 일에서 기쁨을 찾을 수 있고 자기 자신에게 떳떳할 수 있지 않을까?

연아는 이후에 꼭 『인간의 조건』을 읽어보리라 마음먹었다.

10강

니체 선생님,
왜 사람들은 신에 의지할까요?

▶▶ **니체가 대답해주는 '인생' 이야기**

신은 죽었습니다.
여기에 대해
어떻게 생각하나요?

 죽었다고요? 그럼 고통을 겪는 인간은 어디에서 위로를 받나요?

 초인으로서 인생을 적극적으로 살면 됩니다.

 초인이요? 초인 또한 신의 한 형태가 아닌가요?

 초인은 신도, 영웅도 아닙니다.

▶▶ **생각해보기** ◀◀

끝없는 고통 때문에 신에 의지하려는 삶은
결국 인간의 근본적 한계인 걸까?

요사이 연아 주변에는 썩 기분 좋지 않은 일들이 일어났다. 친한 친구가 갑작스러운 교통사고가 나서 학교에 나오지 않고 있었고, 또 다른 친구는 아버지께서 정신분열증 진단을 받아 병원으로 호송됐다고 했다. 하나같이 나쁜 소식들이었다. 연아와 맞닥뜨린 사건은 아니지만 친구들의 일이니 걱정되지 않을 수 없었다. 울적한 기분으로 지내다가 오늘 또 다른 친구가 성적 비관으로 자살 시도를 했다는 이야기를 들었다. 연이은 사건들에 연아는 근심 어린 표정으로 길을 걷고 또 걸었다.

'왜 삶은 내 마음대로 되지 않는 걸까? 마음먹은 대로만 된다면 참 좋을 텐데 진짜 한 치 앞도 알 수 없구나.'

복잡한 생각에 빠진 채 연아는 어느새 철학 수업이 열리는 교실 골목으로 들어섰다.

니체는 왜 신이 죽었다고 말한 걸까?

"어느 날 아침, 차라투스트라는 따사로운 햇살을 마주하며 이렇게 말했습니다. '아! 난 지금 꿀을 왕창 모아놓은 벌이 된 기분이야. 지혜가 너무 차고 넘쳐서 이제 지겨워지려고 하는군. 이 지혜를 받고 싶다면 손을 뻗어야 해. 손을 뻗는 사람들에게 내 지혜를 다 나눠줘야겠어.' 곧 차라투스트라는 굳은 다짐으로 산에서 내려왔지요. 가던 중 늙은 성자를 만났습니다. 성자가 차라투스트라에게 말했습니다. '그들에게 아무것도 주지 마십시오. 그들에게 지혜를 주는 것보다 차라리 지혜를 더는 편이 훨씬 낫습니다. 새로운 지혜를 주어도 그들은 이해하지 못할 테니까요. 저는 더 이상 불완전한 그들을 사랑하지 않습니다. 저는 이 숲에 머물면서 시를 쓰고 노래를 부르며, 웃거나 울고, 낮은 소리로 신을 향해 칭송하지요.' 성자와 헤어진 후 차라투스트라는 좁은 길로 가다가 갑자기 혼자 중얼거립니다. '어휴, 근데 그게 가당키나 한가? 그 늙은 성자는 숲에 살고 있으니까 신이 죽었다는 건 듣지도 못했을 거야.'"

한 철학자가 교실에 들어서자마자 이야기를 풀었다. 그는 근사하게 콧수염을 길렀고 금테 안경에 7대 3으로 가르마를 하고 있었다. 아주 인상적이고 활기찬 모습이었다.

사람들이 이야기에서 빠져나오기도 전에 그는 다시 말했다.

"안녕하세요. 니체입니다. 이렇게 불쑥 나타나서 놀라셨나요? 방금 들려드린 이야기는 저의 저서 『차라투스트라는 이렇게 말했다』 중 일부입니다. '신은 죽었다'는 말은 당시 사회에서는 충격적인 발언이었습니다. 세상 사람들은 신을 살아 있는 존재로 생각하기 때문에 저는 신의 죽음을 선고하면서 그들에게 기독교의 거짓과 설교를 믿지 말라고 경고했습니다. 기독교에 대한 투쟁이었지요. 성경을 아는 사람은 이렇게 이해하고 있을 겁니다. 기독교는 약자를 위로하는 종교이기 때문에 약자의 선한 모습을 널리 알리고 약자가 현재 상황에서 고통을 이겨내야만 구세주가 등장한다고요. 하지만 사실은 전혀 그렇지 않습니다. 세상 사람들을 구하는 진짜 구세주는 나타날 수가 없습니다. 근본부터 날조된 것이기 때문입니다. 그 누구도 눈앞에서 확실히 보지 못한 '신'이라는 존재에게 우리는 자신의 인생을 걸어서는 안 됩니다. 여러분이 고통받고 있을 때 마음속으로 '다 잘될 거야. 하느님이 돌봐주실 거야' 같은 말을 한 적 있지요? 정말 잘되던가요? 스스로 대를 이어 평생 노예 신분을 자처하고 사는 것과 뭐가 다른가요?"

니체는 목이 타는 듯 물을 들이켰다.

"모든 희망을 신에게 걸어도 우리가 처한 상황에 실질적으로 도움이 되는 일은 하나도 없습니다. 어찌 됐든 기독교는 갈수록 강해지고 있네요. 제가 고의로 신을 괴롭히려는 건 아닙니다. 다만 사람들이 노예 도덕에서 빨리 벗어나 스스로 굳건한 자아 의지를 수립할 수 있기를 바랄 뿐입니다. 기독교는 이미 변질되었습니다. 억압받는 사람들을 구제하겠다는 초심은 온데간데없고 오히려 사람을 지배하고 있습니다. 아마 여러분은 상상조차 하기 어려울 겁니다. 당시 종교는 통치자의 하수인에 다를 바 없었거든요. 신이 죽어도 자본주의의 화신은 존재할 겁니다. 전 신이 죽어야 한다고 생각합니다. 기독교의 논리는 영혼을 구속하고 본능을 억압합니다. 인간이 자유를 얻으려면 신을 죽이고 전통을 청산해야 합니다. 기독교적 도덕관념은 그동안 일상생활에 깊숙이 침투해 결국 사람들의 영혼을 썩게 했습니다. 실제 신의 존재가 없거나 신앙심이 없더라도 기본적으로 사람들은 신을 만들고 믿고 숭배합니다. 철학자로서 제 책임은 사람들에게 새로운 정신문화를 찾아주고, 더불어 새로운 생명문화를 부여해 인생의 의미를 새롭게 해석해주는 것입

니다. 다시 말해, 사람들의 개인의식을 강하게 만들어 종교가 주인이 되지
않도록 하는 것입니다."

고통이 있어 아름다운 인생

쉴 새 없이 이야기를 하던 니체는 잠시 뜸을 들인 후 다시 입을 열었다.

"이제 인생의 의미에 대해서 얘기해봐야겠군요. 생명철학에 관한 탐구
는 쇼펜하우어부터 시작되었습니다. 이미 그분의 수업을 들었겠군요. 그는
'세계'는 의지와 표상이고, '의지'는 인생을 격려하는 의욕의 힘에 속하며,
모든 생명 현상의 '본질'은 고통으로 귀결된다고 했습니다. 욕망이 채워지
지 않으면 인간은 고통에 빠질 것이고, 일시적으로 채워진다면 인간은 다
시 무료함을 느낄 수 있으므로 인생은 그사이에서 흔들릴 뿐이라고 말입니
다. 생명에 대한 의지는 항상 개인에게 달려 있습니다. 그리고 개체의 필연
적인 결말은 죽음입니다. 개체의 생명은 유한하지만, 의지란 것은 우주 전
체의 생명력으로 충만한 무한 실체입니다. 그래서 무한한 생명의 의지를
유한한 개인이 만족하기란 어려운 겁니다. 고통에서 벗어나려면 의지를 제
거하고 그 생명의 의지를 부정할 수밖에 없습니다. 인생이란 게 쉽게 변하
고 세상이 비극으로 가득 찼다는 그의 관점에는 동의합니다. 하지만 저는
생명의 의지를 부정하는 것이 아닌, 긍정하는 것에서 인생의 의미를 찾고
싶습니다. 고통은 인생을 비극으로 이끄는 요인이 아니라 인생을 행복하게
흥분시키는 윤활제입니다."

니체는 미소를 띠며 계속해서 말을 이었다.

"쇼펜하우어의 관점에 따르면, 인생은 온통 비극입니다. 쇼펜하우어는 사람이 살아나가는 인생을 하나의 작품이라 할 때 그 작품은 끝없는 고통으로 점철된 비극이며, 그 비극이야말로 생명의 진정한 의지라는 것을 보여준다고 생각했습니다. 그러나 저는 인간이 인생이라는 작품을 표현하는 데 있어 비극은 그 과정에 하나일 뿐이라고 생각합니다. 인간은 인생을 통해 단순히 고통과 무력감을 표현하는 것이 아니라 '비극적인 정신'을 드러내는 겁니다. 인간이 비극을 이겨내는 자세와 그것을 초월하는 정신을 표현해야 한다고 생각하지요. '비바람을 겪지 않고 어떻게 아름다운 무지개를 볼 수 있는가'라는 말이 있지요? 고통이 없는 존재라면 행복의 달콤함을 어떻게 느낄 수 있을까요? 고통이 없는 시험에서 과연 아름다움과 존엄성을 충분히 드러낼 수 있을까요?"

청중을 둘러보며 잠시 말을 쉬던 니체가 다시 강의를 시작했다.

"우리는 고통을 받아들일 때 인생에 대해 질문을 하곤 합니다. 생명의 의미에 대해 의심하지요. 염세주의가 범람하면 우리를 침몰시킬 수 있습니다. 그런 숨 막히는 고통은 우리 자신을 해칠 수도 있어요. 전 그런 고통을 잘 압니다. 제 성장 자체가 전형적인 비극이었으니까요. 어렸을 때는 부모님을 모두 여의었고, 젊었을 때는 사랑과 우정에 배신당했어요. 온몸으로 질병의 고통과 고독에 시달리면서도 전 비극을 의심하지 않았습니다. 오히려 경외심이 느껴지더군요. 저는 생명을 가볍게 보지 않았습니다. 제가 한 번이라도 인생을 의심했다면, 자존심 때문에 세상을 떠났던 루이 14세의 주방장 바텔처럼 자살로 모든 것을 끝냈을 겁니다. 정처 없이 떠다니는 구름 같은 우리의 생명은 죽음이라는 미지의 세계와 마주할 때 어떠한 저항도 할 수 없고 본연의 위대함도 드러낼 수 없습니다. 그 사실을 인정한다면 오히려 강인한 모습으로 삶을 살 수 있습니다. 고통을 피하는 방식으로 생명을 부정하는 것은 생명의 고통을 긍정하고 생명을 받아들이는 것보다 못합니다. 생명의 고통을 긍정하고 생명을 받아들이는 것은 즐겁게 생명의 장을 여는 것과도 같습니다. 생명의 내재적 요소를 받아들인 것과도 같습니다. 이렇게 하는데 인생에서 어떠한 비극이 여러분의 유한한 생명을 파괴할 수 있을까요? 생명의 고난, 위험, 파멸 등을 받아들이면서 생명력도 같이 강해진다는 사실을 믿어야 합니다. 스스로 칭찬하는 자세로 생명의 비극과 공포를 인정해야만 고통 속에서 가장 아름다운 장을 열고 생명을 계속해서 이어나갈 수 있습니다."

니체, 신이 필요 없는 '초인'을 말하다

"전생에서 착하게 살았지만 잔인하게 살해된 아가씨가 환생한 후에 증오심으로 복수한다는 내용의 영화를 본 적이 있어요. 그런데 그 과정에서 갈수록 그녀 자신도 고통과 갈등 속에 빠지더라고요. 그녀에게 비극은 생명을 긍정한 건가요, 아니면 부정한 건가요?"

수연은 예전에 본 영화를 어렴풋이 떠올리며 말했다.

"인생을 살면서 모든 것이 합리적으로 흐르지는 않을 거예요. 불합리한 부분은 받아들여야 하고, 본질적으로 고통을 견뎌야만 결국 스스로도 강해지고 즐거운 삶을 살 수 있지요. 방금 수연 학생이 말한 주인공은 복수를 하는 동안 즐거움을 누리지 못했고 스스로를 더 고통스러운 상황에 빠뜨리고 말았군요. 고통이었던 것을 그대로 받아들이지 않으면 자신의 비극에 의심을 품게 됩니다. 그녀는 비극의 돌파구를 찾으려다 마침내 자신의 생명을 부정해버린 겁니다. 혹은 원래부터 감당할 용기가 없었는지도 모릅니다. 고통을 두려워했다고 말할 수 있겠네요. 전생의 고통 때문에 그녀는 환생한 후에도 온갖 방법을 동원해 그 고통스러운 운명을 바꾸려고 했던 겁니다. 비극적인 인생에서 벗어나려면 고통에 정면으로 맞설 줄 아는 강인함이 필요합니다. '단 한 번의 멋진 인생'이라는 생각으로 인생을 마주해야 합니다. 저는 이런 적극적인 태도로 사는 사람을 '초인超人'이라고 부릅니다."

"초인이요?「어벤져스」에 나오는 슈퍼 히어로들과는 다른 거겠죠?"

민수의 말에 모두 웃음이 터졌다.

"하하. 제가 말씀드린 '초인'은 스파이더맨보다 훨씬 대단합니다. 초인은 영원한 회귀로의 고통을 받아들일 수 있습니다. 고통의 깊이가 얼마나 깊든지 간에 적극적으로 인생을 대합니다. 아주 강력한 의지가 있기 때문에 신의 보살핌도 필요 없습니다. 그런 강력한 의지를 곧 능력이나 힘이라고 오해하지 마세요. 그건 불가능하지요. 매일 하루에도 수많은 사건이 발생하고 결국 해결된다고 하지만, 그건 우리 능력 밖의 문제입니다. 우리에게는 의지만 있을 뿐입니다. 아무리 의지가 강하더라도 행동으로 옮겨야만 문제를 해결할 수 있습니다. 강력한 의지와 행동이 결합되었을 때 비로소 힘이 됩니다. 그런데 현실은 그리 간단하지 않습니다. 우리의 행동이 늘 순조로울 수는 없거든요. 이럴 때 우리는 잔혹한 현실을 원망합니다. 자신의 의지가 지나치게 강한 욕망을 초래했다는 생각은 하지 않고 실제에 맞지 않는 환상만 떠올립니다. 초인은 다릅니다. 행동으로 옮기는 강한 의지뿐만 아니라 결과를 받아들이는 의지 또한 갖춰져 있습니다. 결과야 어떻든 달게 받아들입니다. 적극적으로 삶을 마주합니다. 제 책을 보시면 '가장 아름답고 오묘한 것은 인간으로 태어나지 않고 바로 죽는다'는 내용이 있습니다. 하하하. 비관적인가요? 이러한 절망의 장벽을 없애기 위해서는 끊임없이 창조하고 초월하는 것이 가장 좋은 방법입니다. 고대 그리스의 비극적인 영웅처럼, 우여곡절이 많고 서글픈 세상에 살더라도 생명의 의미를 부여해야 합니다. 초인은 기독교, 숙명론, 구세계 등에 반하는 비이성주의자이자 창조주의자입니다."

운명과 투쟁하는 삶의 자세가 중요하다

"초인의 탄생은 '정신의 3단계 변용'을 거쳐야 완성됩니다. 일단 외로움과 뜨거운 태양을 이기는 '낙타 단계'입니다. 꿋꿋하고 강인하고 중책을 맡지요. 그리고 두 번째 변용이 일어나는데, 용감하게 자유를 쟁취하는 '사자 단계'입니다. 전투력과 창조력이 풍부하지요. 마지막으로 사자보다 더 긍정적이고 창조적인 정신에 도달하는 세 번째 '어린아이 단계'입니다. 천진난만하면서도 잘 잊어버리며 호기심과 욕구가 충만합니다. 이런 3단계 변용이 바로 인간 정신의 세 가지 발전 단계라고 할 수 있습니다."

가만히 듣고 있던 노신사가 점잖게 질문했다.

"초인이라는 개념과 형상을 창조한 건 '죽은 신'을 대체하려고 그런 것 아닌가요? 인간의 마음속 우상을 죽였다면 그 안에 새로운 정신적 신앙을 찾아줘야 하지 않을까요?"

그러자 니체는 완강한 모습을 보이며 단언했다.

"초인은 신을 대체하는 새로운 우상이 아닙니다. 초인은 어떤 구체적인 영웅이 아닌 이상적인 인격이고, 인생을 대하는 태도이자 처세이며 정신입니다. 초인은 숙명을 믿지 않습니다. 영혼을 육체의 일부로만 여길 뿐입니다. 또한 현실에 근거해 불행한 운명과 투쟁하며, 비극을 인생의 과정으로 창조합니다. 초인은 건강하고 강한 의지, 창조 정신과 초월 능력을 가지고 있습니다. 초인적 정신을 가진 사람은 신이 필요 없습니다. 그의 몸은 강하고 활기차며, 이는 생명의 본능인 권력의지를 상징합니다. 결론적으로 제가 여러분에게 말씀드리고 싶은 건 육체보다 정신을 믿는 것이 더 근본적인 의미가 있다는 겁니다. 초인의 강력한 의지는 곧 생명의 의지이자 생명을 초월한 힘입니다. 그 본연에 대한 경시나 육체를 모욕하는 기독교 혹은 숙명론에 인생을 맡겨서는 안 됩니다. 욕구, 충동, 탐욕, 열망은 죄악이 아니라 생명 본연의 색채이며, 인생을 창조적으로 만들어갈 수 있게 하는 가장 귀한 자산입니다. 인생에서 가장 진실한 감정 의지와 심리적 본능을 부정한다면 생명을 가진 존재에게 무슨 의미가 있을까요?"

이전보다 더욱 강력한 어조로 니체가 말을 이었다.

"저는 전통 도덕에 도전한 철학자입니다. 고통과 죽음을 받아들여야만 자기 존재와 생명의 본질적 힘을 더 분명하게 볼 수 있다고 말하고 싶습니다. 최소한 행복을 스스로 창조해야 인간의 삶이 가치가 있는 겁니다."

니체는 작별 인사도 하지 않은 채 바쁘게 교실을 빠져나갔다.

오늘 수업으로 연아는 여러 가지 생각이 들었다. 최근에 연이어 터진 나쁜 소식들 때문에 우울함으로 가득 찼던 마음도, 복잡다단했던 머릿속도 오늘 수업으로 어느새 많이 풀렸음을 느꼈다. 더 이상 혼란스럽지만은 않았다. 어렴풋하게나마 방향을 찾은 듯했다.

'비극적인 과정도 어쨌든 삶의 일부야. 니체 선생님이 말씀하셨잖아. 비극 없는 인생은 완전하지 않은 거라고. 항상 좋은 일만 일어날 순 없지. 비극으로 인해 기쁨과 행복을 더 크게 느낄 수도 있고, 때론 고통이 우리를 더 강하게 단련시켜주기도 하니까. 그래, 지금 이 기분을 소중히 여기고 설사 불행한 일이 있더라도 감사히 살자.'

로크 선생님,
머리가 타고나야 능력도 뛰어난가요?

▶▶ 로크가 대답해주는 '경험' 이야기

여러분은 혹시
타고난 머리에 대해
어떻게 생각하나요?

 아이큐가 높으면 좋은 점이 많아요. 성적도 올릴 수 있고, 이 해력도 빠를 테니까요.

 그건 그다지 중요하지 않은 것 같아요. 머리가 아무리 좋아도 공부를 게을리하면 금방 떨어지는 게 성적이잖아요.

 제 생각에 타고난 건 없는 것 같아요. 얼마나 노력하느냐에 따라 다르지 않을까요?

▶▶ 생각해보기 ◀◀
만약 모든 사람들이 똑같은 상태에서 태어난다면,
서로 다른 능력의 차이는 어디서 오는 걸까?

뭔가 개운치 못한 느낌으로 연아는 잠에서 깨어났다. 어젯밤 꿈이 너무나도 선명해 머릿속을 떠나지 않았다.

꿈속에서 연아는 '신'을 만났다. 그런데 어제 수업의 여파가 컸던 탓인지 평소에 생각했던 따뜻하거나 친근한 모습이 아니었다. 흡사 신은 무시무시한 괴물과도 같은 형상이었다. 꿈에서 연아는 필사적으로 그것을 피해 뛰어다녔지만, 괴물은 마치 자석처럼 연아를 바짝 뒤쫓아 왔다. 연아는 밤새도록 소리 지르고 도망만 치다가 잠에서 깼다.

온몸에 힘이 빠지고 머리가 어지러웠다. 잠을 계속 설쳤더니 두 눈이 퀭하게 꺼지고 다크서클이 길게 내려앉았다. 학교에서 연아를 본 친구들이 하나같이 어젯밤에 무슨 일이 있었냐며 걱정했고, 연아는 "신과 한바탕했어."라고 짤막하게 대답해버렸다. 영문을 모르는 친구들이 도대체 무슨 말인지 모르겠다는 표정을 지으며 고개를 갸우뚱했다.

하루 종일 어떻게 버텼는지 모르게 학교 수업이 끝이 났다. 연아는 피곤하고 몽롱한 정신으로 걸어 나와 철학 수업이 있는 골목으로 비틀거리며 들어섰다. 교실 앞까지 겨우 도착한 것을 확인한 연아는 그제야 하늘을 쳐다보며 큰 소리로 말했다.

"이게 다 그 신 때문이야!"

우리의 지식은 어디서 올까?

"안녕하세요, 반갑습니다. 존 로크입니다. 오늘 철학 수업은 제가 진행합니다. 누군지 설마 모르지는 않겠지요? 아마 세계사 과목에서 '미국 독립 선언'을 한 번쯤 봤을 겁니다. 그때 언급되는 정치가가 바로 접니다."

한 노인이 교실 안으로 들어오더니 마치 오랫동안 봐온 사이인 것처럼 편하게 자신을 소개했다. 그는 두꺼운 옷을 입었는데도 불구하고 무척이나 수척하고 왜소해 보였다. 철학자는 조심스럽게 의자에 앉고는 아주 오래전의 일을 회상하는 듯 느릿하게 이야기를 꺼내기 시작했다.

"저는 경험론자입니다. 그래서 오늘 경험철학에 대해 이야기해보려고 합니다. 여러분은 이미 이전 수업에서 지식의 근원이나 경험에 관한 관점에 대해 들었을 겁니다. 그래도 상관없습니다. 저도 저의 사상을 이야기하려는 거니까 늙은이의 지루한 잔소리라고 폄하하지 말아주세요. 이전의 철학자들은 선천주의, 즉 타고난 진리를 주장했지요. 여러분도 들었을 겁니다. 그런데 오늘 제가 강의할 내용은 이와 상반되는 관점이라 아주 흥미진진할 겁니다. 사실 철학이라는 학문은 그리 절대적이거나 단순 명쾌하지 않습니다. 그것은 마치 아이처럼 작기도 하고 성장하기도 하고 신비롭게 보이기도 하고 다채롭게 변하기도 합니다. 그래서 철학 수업은 맹목적으로 받아들이지 말고 자기 것으로 소화시켜야 합니다. 어떻게 소화시키고, 또 무엇을 남겨야 할까요? 여러분 각자의 '조화'를 보면 됩니다. 좀 어렵나요? 천천히 곱씹어보세요."

로크는 마치 자신의 손자를 가르치듯 조곤조곤 차분히 말을 이어갔다.

하는 말마다 진지해서 진심이 느껴졌다.

"우리 머릿속의 관념은 처음 어디에서 오는 걸까요? 저는 우리의 모든 사상과 관념은 우리가 보고 들은 사물을 반영한다고 생각합니다. 다시 말해 우리의 인식과 지식은 경험으로 이루어진 것으로, 경험 이전의 마음은 아무것도 그려지지 않은 백지와 같습니다. 감각이 사물을 감지하기 전 우리의 마음은 가구가 없는 빈방과 같습니다. 하지만 점점 더 많은 사물을 체험하면서 주변의 다채로운 세계를 보게 됩니다. 각종 사물을 보고 맛보고 듣고 느끼면서 텅 비어 있던 방에 가구가 채워지는 것입니다. 이것을 가장 민감하게 느끼는 사람은 갓난아기입니다. 아주 깨끗하고 순수한 존재이니까요. 우리가 경험을 통해 얻은 관념은 '단순 관념'과 '복합 관념'으로 나뉩니다. 단순 관념은 우리가 외부 세계를 수동적으로 받아들이는 느낌으로, 감각을 통해 사물을 단순히 감지합니다."

로크는 쉽게 예시를 들어가며 설명했다.

"예를 들면 미각으로 설탕의 단맛을, 후각으로 백합의 향기를, 촉각으로 불의 뜨거움을 알 수 있고 시각으로 설탕, 백합, 불의 색깔을 볼 수 있습니다. 감각으로 사물을 단순히 감지해 단순 관념을 획득하는 방법 외에, 우리는 능동적인 방식으로도 단순 관념을 획득할 수 있습니다. 즉 사고, 추리, 의심 등의 방식으로 획득합니다. 그리고 이 두 가지 단순 관념으로 얻은 물체에 대한 인식을 오성으로 발전시켜 우리의 사유思惟가 생겨나는 거지요. 다시 예를 들어볼까요? '사과'라는 관념에 대한 인식은 우리가 사과 색이 빨갛다는 것을 목격한 경험을 바탕으로 합니다. 그리고 맛을 본 뒤에는 사과는 달고 사각거리며 수분이 많다는 것을 알게 됩니다. 단순 관념을 조합

154

하면, 복합 관념이 됩니다. 즉 우리가 혼재 인식하는 복합적인 관념이 됩니다. 이러한 복합 관념은 우리가 갓난아기 때부터 타고나는 게 아닙니다. 갓난아기는 복합 관념이 없습니다. 하지만 감각으로 여러 번 느끼면서 단순 관념이 점점 쌓여 사과의 복합 관념이 생깁니다. 그리고 사과가 배나 포도와 다르다는 것을 알게 되지요. 단순 관념은 단 한 번에 감지할 수 있는 사물에 대한 지식이라 할 수 있습니다. 그러므로 감각 경험을 떠올릴 수 없는 지식은 거짓 지식이므로, 받아들이면 안 됩니다."

지식은 타고난 것이 아니라 경험에서 오는 것

"그럼 이 세계는 우리가 느끼는 것과 다르지 않다는 건가요? 뭔지 잘 모르겠지만 그건 아닌 것 같은데요."

소미였다. 의심스런 말투지만 정면으로 자신 있게 반박하지는 못했다.

"좋은 질문입니다. 모든 학습은 호기심에서 출발하지요. 궁금한 것이 있을 땐 정확히 떠오르지 않더라도 곧바로 의문을 가지는 것이 좋습니다. 소미 학생이 지적한 것이 바로 제가 두 번째로 이야기할 문제입니다."

로크의 칭찬에 소미가 쑥스러운 듯 미소를 지었다.

"이 세상의 모든 감각 관념은 믿을 수 있는 걸까요? 감각 관념이 지각하는 것은 '물질적 성질'이라고 할 수 있습니다. 한 사물을 통해 우리는 색깔, 무게, 온도 등의 관념이 생겨납니다. 이것이 물체의 성질입니다. 구체적으로 '철'의 무게와 경도, '얼음'의 차가움과 날카로움 등이 있겠네요. 또 성질은 주요 성질과 부차적 성질로 나뉩니다. 혹은 제1성질과 제2성질로 나누기도 합니다. 소위 '주요 성질'이라고 하는 것은 물체에서 분리될 수 없는 특징입니다. 이 성질을 논할 때 우리는 공통적으로 감각을 통해 그 성질들을 객관적으로 재현할 수 있습니다. 가령 무게, 수량, 함량, 성분, 용도 등이 있겠네요. 그럼 '부차적 성질'은 어떨까요? 주요 성질의 형상과 조직 등에 따라 신맛, 단맛, 파란색, 빨간색, 뜨거움, 차가움 등의 성질이 따라옵니다. 이런 성질은 사물 자체의 고유 성질을 진정으로 반영할 수 없습니다. 외재적 실체만 반영하고, 우리의 감각에서 생기는 작용인 겁니다. 예를 들면 불의 제1성질들은 양초에 새로운 색깔과 상태를 부여할 수 있습니다."

또다시 소미가 재빨리 물었다.

"그럼 선생님, 부차적 성질은 감각에 따라 다르게 볼 수 있는 건가요?"

"그렇지요. 제대로 이해했네요. 무게, 수량 등 주요 성질에 대해 우리는 서로 다른 견해를 가질 수 없습니다. 이런 성질은 사물 자체의 속성이기 때문에 고정되어 있지요. 그러나 색깔이나 맛과 같은 부차적 성질은 사람에 따라 생각이 다릅니다."

이제 뭔가 알겠다는 듯 소미가 대답했다.

"아, 그렇군요. 제가 여주를 잘 먹는 것과 같은 거네요. 사람들은 여주가 다른 열매에 비해 너무 쓰고 맛없다고 하지만, 전 쓴맛보다는 약간 떫은맛이 나거든요. 보기는 좀 그래도 생각보다 사각사각하고 맛있어서 먹을 때마다 시원한 느낌도 들어요. 같은 여주라도 사람에 따라 쓰거나 아니면 달콤하다고 생각할 수 있는 것이 부차적 성질이라는 거네요."

"정확해요. 여주에 대한 사람들의 생각이 틀린 건 아닙니다. 여주가 자신들의 감각에 미친 작용을 각자 설명했을 뿐이니까요. 모두 답이 달라도 다 답에 가깝습니다. 무슨 뜻인지 이제 이해되나요? 그럼 또 다른 예를 들어볼 게요. 고기 5근을 보고 1근이나 20근이라고 말하는 사람이 있을까요? 대부분 5근과 근사하게 맞힐 겁니다. 흑과 백처럼 극명하게 차이 나는 대답은 절대 없습니다. 행동에 대한 관념도 마찬가지입니다. 차가 이동하고 있는데 멈췄다고 말하거나, 배가 떠 있는데 침몰했다고 말하는 사람은 아무도 없을 거예요. '확장'된 실체에 영향을 미칠 때 이성으로 이해할 수 있는 일부 성질이 확실히 존재합니다. 또 이 부분에서 아주 쉽게 사람들의 공통된 인식을 얻을 수 있습니다. 따라서 '감각의 경험을 신뢰할 수 있는가'라는 질문에 절대적인 답은 없습니다. 물질의 주요 성질과 부차적 성질에는 분명 차이가 있으니까요."

로크, 인간의 능력을 확대하는 방법에 대해 말하다

"『인간오성론』은 제 인생에 있어 매우 중요한 책입니다. 집필하면서 무료함을 수없이 넘겼고 한편으론 마음이 우울할 때 도움이 되기도 했거든요. 이때 저는 생에서 무한한 즐거움을 느꼈습니다. 여기서 오성이란 정신학적 범주에서 가장 숭고한 표현으로, 저는 이 오성을 활용하면서 정말 거대하고 기나긴 즐거움을 얻을 수 있었습니다. 다른 모든 능력으로도 도달할 수 없는 즐거움입니다. 철학자들이나 과학자들이나 지향하는 바가 같을지도 모르겠군요. 물론 오성을 이해하지 못하고 정신적 즐거움을 모르는 사람이라면, 이런 마음을 알거나 느낄 수도 없고 이런 즐거움을 추구할 리도 없습니다."

로크의 강의를 들으며 연아도 언젠가 자신의 글을 써봐야겠다고 생각했다.

"원래는 '경험'에 대해서 이야기를 나누려고 했는데 계획을 살짝 변경해야겠다는 생각이 순간 드는군요. 뭐, 경험과 크게 다르진 않습니다만 제가 『인간오성론』에서 쓴 회의론과 나태함에 대해 여러분과 이야기해보고 싶어졌거든요. 오성은 숭고한 사유 형식이긴 하지만, 우리가 스스로 세상 만물을 완전히 이해할 수 없어 절망감이 들 때는 아예 생각하지 못하도록 바꿔버리기도 합니다. 일부를 이해할 수 없어 모든 것을 부정하고 모든 사물을 의심하는 겁니다. 자신이 이해할 수 없는 것이기에 더 이상 이해하려 들지 않는 것이지요. 이러한 회의론자들은 끝도 없는 나태함과 게으름에 빠질 수 있습니다. 당연히 이해의 가능성은 사라집니다. 따라서 의심과 나태함을 바로잡으려면 자신의 능력과 영역을 잘 이해해야만 합니다."

"능력을 이해한다는 건 무슨 의미인가요? 나태함과 게으름이 이해할 수 없는 것 앞에서 무기력한 상태라면, 그건 이해할 능력이 없다는 것과 같은 말인가요?"

소미가 아직 로크의 말에 의심을 거두지 못했는지 날카롭게 질문을 던졌다.

"앞서 말했듯이 세상 만물을 이해하기 위한 우리의 지식은 경험에서부터 쌓입니다. 지식은 타고난 것이 아니라는 말입니다. 감각 기관을 통한 경험과 마음속에 작용이 일어난 경험이 우리의 지식으로 쌓이는 것이지요.

요즘 사람들은 지능의 발달을 지수로 측정한다고 들었습니다. 아이큐라고 한다지요? 제 생각에 측정된 아이큐는 사람마다 차이가 있을 수 있겠지만, 그 차이는 큰 의미가 없을 것입니다. 지능은 경험에 대한 이해에서부터 시작돼서 발달한 것이니까요. 여기서 '이해'는 자신이 아는 것과 모르는 것을 잘 계산하는 것이 아니라 어떻게 자신의 능력을 확장할 수 있는지를 잘 아는 것입니다. 능력은 가능 혹은 불가능처럼 간단한 문제가 아닙니다. 생각해낼 수 있느냐 없느냐의 문제입니다."

분명하고 설득력 있는 로크의 말에 모두 고개를 주억거렸다. 소미도 이제 이해를 한 듯했다.

위대한 생각이 나오는 조건

"그럼 자신의 능력을 어떻게 이해할 수 있을까요? 예를 들어보겠습니다. 만약 여러분에게 누군가가 호수의 물로 마당의 모든 물독을 채우라고 한다면 어떻게 하겠습니까? 어떤 사람은 한 통씩 물을 호수에서 길러다가 물독을 하나하나 채울 수도 있겠고, 또 어떤 사람은 대나무 같은 도구로 길게 수로를 만들어 연결할 수도 있겠지요. 후자는 시간과 힘을 모두 절약할 수 있는 영리한 방법일지도 모르겠네요. 이처럼 해야 할 일과 관련된 지식을 정확히 파악하고 융통성 있게 응용한다면 대부분의 문제는 순조롭게 풀릴 겁니다. 아예 이해할 수 없는 일일지라도 관련 지식을 통합해 생각해보면 의외로 쉽게 처리할 수 있답니다. 무슨 의미인지 이해되나요?"

"아! 선생님, 이제 알 것 같아요. 지금 막 떠오른 생각인데요. 만약 코끼리의 몸무게가 궁금하다면 이런 방법을 써보는 거예요. 코끼리를 큰 배에 싣고 배가 가라앉은 정도를 뱃몸에 선을 그어 측량한 후에, 다시 그 배에 그 선만큼의 돌을 올리는 거지요. 그럼 그 돌의 무게가 곧 코끼리의 몸무게인 걸 알 수 있어요!"

연아는 로크의 이야기를 듣고 갑자기 '조충'의 일화가 떠올라 자기도 모르게 흥분된 목소리로 말했다. 조충은 아버지 조조가 손권으로부터 선물받은 코끼리 떼를 배에 싣는 방법으로 그 무게를 재보자고 했던 총명한 인물이었다. 로크의 강의 덕분에 책에서 봤던 이야기가 어렴풋하게 기억이 났던 것이다.

"하하, 그렇지요. 학생이 좋은 사례를 들어줬네요. 물 밑에 무엇이 있는지는 몰라도 그 항로의 깊이만 안다면 배가 안전하게 항해할 수 있는지를 예측해볼 수 있지요. 이게 바로 실용주의입니다. 물론 확실한 것을 좋아하는 사람이라면 이걸로 만족하진 않겠지만 연구 방식을 축소하는 사유 방식에는 동의할 겁니다. 자기의 모든 일을 자세히 설명하며 진행할 필요는 없을 테니까요. 때로는 제한된 조건에서 더 위대한 생각이 나오기 마련입니다. 잘 갖춰진 조건에서 성과를 내는 것보다 어쩌면 더 의미가 있지 않을까요? 어떻게 생각하시나요?"

모두 생각에 잠긴 채 로크의 질문을 맘속으로 정리하고 있었다. 연아는 자신 있게 답변했던 조금 전의 상황을 떠올리며 가슴을 진정시켰다.

'나도 모르게 대답하고 말았어. 근데 수업에 참여하니 재밌는걸. 왠지 더 이해가 쏙쏙 되는 것 같고.'

"아이고, 나이는 정말 속일 수 없나 봅니다. 오랜만에 강의실에 섰더니 몸이 피곤하네요. 아쉽지만 오늘은 여기까지 하겠습니다. 다들 오늘 수업 어떠셨나요? 이번 수업을 통해 나태함을 이겨낼 수 있는 여러분이 되길 바라며 다음에 기회가 된다면 또 서고 싶군요."

로크는 호기롭게 손을 흔들며 작별 인사를 했다. 야윈 듯 호리호리한 뒷모습이 이상하게도 점점 커지는 것처럼 느껴졌다.

12강

데카르트 선생님,
동물에게도 인간처럼 영혼이 있나요?

▶▶ 데카르트가 대답해주는 '의심' 이야기

인간은 생각합니다.
고로 존재합니다.
이것이 무슨 의미일까요?

 생각하는 존재라는 것만이 진실이라는 건가요?

 인간도 육체가 있기에 결국 존재할 수 있는 것인데 육체가 있
는 건 인간만이 아니에요. 동물도 몸이 있잖아요.

 몸이 있으면 생각도 할 수 있는 걸까요?

▶▶ 생각해보기 ◀◀

동물과 달리 인간에게는 영혼이 있다는데,
영혼과 생각에는 어떤 상관관계가 있을까?

"안녕하세요. 프랑스 철학자 데카르트입니다. 오늘에서야 겨우 시간이 나서 여러분을 뵙게 되었네요. 활동한 시기대로라면 조금 더 일찍 여러분과 만났어야 했는데 이 강의를 기획하신 분 말씀으로는 상관없다고 하셔서 개인 일정상 좀 늦췄습니다. 죄송합니다."

오늘 데카르트의 강의를 들을 줄 몰랐던 학생들은 하나같이 놀라는 눈치였다. 그리고 그의 스타일에 또 한 번 놀랐다. 헝클어진 머리, 덥수룩한 수염, 너저분한 차림새……. 연아는 저 상태로 길에서 마주친다면 아무도 세계적으로 명성을 떨친 위대한 철학자라고 보지 않을 것 같다는 생각을 했다.

"아시겠지만 철학자마다 연구하는 방향이나 이론이 다르고 관심을 두는 분야도 천차만별입니다. 그러나 오늘의 강의 주제인 '의심'에 관해서는 여러분을 난해하게 만드는 일이 없을 겁니다. 그럼 시작할까요?"

왜 모든 것을 의심하게 되었을까?

"오늘은 철학자로서 이 자리에 섰지만, 전 '해석기하학의 아버지'라고 불리는 수학자이기도 합니다. 그래서 저는 수학 법칙을 증명하는 방식으로 철학의 진리를 증명합니다. 수학 문제를 골똘히 생각할 때 사용하는 '이성'으로 철학 문제 역시 해결하려고 하는 거지요. 이성만이 가장 진리에 가까운 답과 사실적 지식을 도출할 수 있습니다. 그에 반해 감각은 믿을 만한 게 되지 못하지요. '백문이 불여일견'이라는 말이 있습니다. 그렇다면 직접 본 것은 반드시 진짜일까요? 아닙니다. 사막의 신기루를 예로 들어볼게요. 신기루를 눈으로 봤지만 진짜가 아닌 환영일 뿐입니다. 물속에 반쯤 잠긴 젓가락을 떠올려보세요. 어떤가요? 시각적으로 꺾인 것 같은 착각을 불러일으키지요. 건져보면 젓가락은 그대로입니다. 이런 사례는 세상에 너무나도 많습니다. 그래서 저는 감각을 신뢰하지 않습니다. 어느 순간부터 모든 일을 의심하기 시작했고 거기에 점점 흥미를 느꼈습니다. 의심은 제 이론을 더 단단하게 해주었습니다. 불확실한 요소를 완전히 제거해야만 가장 견고한 건물을 지을 수 있는 것처럼요."

지난번 로크의 수업 때는 조용했던 수연이 다소 격앙된 목소리로 질문했다.

"선생님, 그건 지반을 잘 다지지 않으면 건물이 아주 쉽게 무너질 수 있는 것과 같은 논리라는 거지요?"

"그렇습니다. 저는 모든 것을 의심하지만, 딱 한 가지만은 절대적인 진실이라고 믿습니다. 바로 제가 '의심을 하고 있다'는 사실입니다. 의심할 때는 항상 생각을 합니다. 생각하고 있기 때문에 전 사고하는 존재자입니다. 그래서 '나는 생각한다. 고로 존재한다'라는 말을 했던 겁니다. 하지만 제 의심은 그렇게 순수하지는 않습니다. 오직 의심을 위한 의심으로, 상대방의 의견에 대해 반박하고 말의 주도권을 획득합니다. 제가 의심하는 것은 진리를 추구하는 방법을 이용해 더 기준이 되는 답을 얻기 위한 겁니다. 그래서 저는 방법과 전략을 중시합니다. 사소한 것도 지나치지 않고 이성적·단계적으로 의심합니다. 오늘은 특별히 저만의 의심 방법에 대해 알려드리도록 할게요."

데카르트는 눈을 반짝이며 청중들을 보았다.

"우선, 명확하지 않은 것은 절대로 진짜라고 받아들이지 않습니다. 즉 선입견과 경솔한 판단은 반드시 피합니다. 이미 확정된 것으로 명확하게 드러나 더 이상 의심할 여지가 없는 것을 제외하고는 제 판단에서 조금도 다른 것을 넣을 수 없습니다. 둘째, 저는 분해하는 방법으로 문제를 자주 해결했습니다. 복잡한 문제는 간단한 개념으로 쪼개면 됩니다. 어려운 문제라면 가능성과 필요성에 따라 나누고 나서 하나씩 처리했습니다. 마지막으로, 순서입니다! 순서는 아주 체계적인 사유 방법입니다. 질서 없이 뒤죽박죽인 문제는 생각에 따라 재배열하면 전혀 다른 답을 얻을 수 있습니다. 그래서 전 순서를 정해 생각을 합니다. 가장 기본적이고 간단한 것부터 시작해서 점점 복잡한 대상으로 확대해갑니다. 본래 전후 관계가 없는 문제도 자체적으로 순서를 편성하고 통합합니다. 말이 너무 길어지나요? 수다스러운 철학자라고 싫어할 수도 있습니다만, 이것만은 꼭 강조해야겠습니다. 나 데카르트는 이처럼 신중한 사람이라는 겁니다. 그 어떠한 상황에서도 의심할 여지가 더 이상 없어 확실해질 때까지 저는 최대한 완벽하게 관찰하고 검토합니다. 무슨 일이든 직접 인식하기 전에는 쉽게 믿지 않습니다. 아, 그렇다고 해서 꼬장꼬장한 보수주의자쯤으로 생각하지는 말아주세요. 하하하."

데카르트는 호탕하게 웃었다.

완벽한 실체를 떠올릴 수 있는 인간

"'완벽'에 대해 사람들은 어떤 이상적인 이미지나 관념이 존재한다고 생각합니다. 하지만 우리가 완벽한 상태의 기준을 각자 어느 정도로 바라든 간에 우리 마음은 정확히 알고 있습니다. 절대로 '나'는 그 완벽한 사람이 될 수 없다는 것을요. 물론 저도 포함됩니다."

구겨진 옷깃을 펴면서 데카르트가 말했다.

"선생님, 그렇다면 완벽이라는 관념 자체는 어디에서 왔을까요? 태어날 때부터 타고날 리는 없잖아요."

소미가 전혀 알 수 없다는 듯 물었다.

"완벽한 실체라는 것이 존재해야만 완벽한 실체의 관념도 있을 수 있다고 생각합니다. 그런데 이 실체의 관념은 신에게서 비롯된 겁니다. 여러분은 신의 존재를 믿나요? 당시 저는 이것으로 완벽이라는 관념의 유래를 해석할 수밖에 없었습니다. 자, 잘 들어보세요. 만약 완벽한 실체가 존재하지 않는다면, 이 세계에는 완벽이 존재하지 않습니다. 세상에 완벽이라는 것이 존재하지 않으니까 우리에게 완벽한 실체라는 관념도 없는 거지요. 또 우리 자체는 완벽하지 않기 때문에 완벽이라는 관념은 우리에게서 비롯될 수 없습니다. 그런데 왜 꼭 신이어야 할까요? 하하하! 신에 대해서 말하려는 건 아닙니다. 완벽이란 관념은 신에게만 존재하기 때문에 그런 것이지요. 여러분은 서양인들이 믿는 신을 이해하기가 좀 힘들 겁니다. 서양에서 신은 아주 완벽한 이미지입니다. 완벽한 실체의 관념을 증명할 때 신은 더할 나위 없이 좋은 존재입니다. 아시아에서는 부처나 관세음보살 같은 이미지가 서양의 신보다 더 친근하고 완벽한 실체의 관념일 수도 있겠네요. 이렇게 말씀드리면 이해가 쉬울까요? 사실 아주 간단합니다. 신이 없더라도 '신'과 비슷한 수많은 이미지가 이미 존재하며 이것들이 완벽한 실체라는 관념을 대표하고 있습니다."

"선생님 말씀이 일리는 있는데, 이해가 안 되는 부분이 있어요. '신기루'라는 관념은 우리에게 이미 있는데, 그 이름이 뜻하는 진짜 공중누각은 현실에 존재하지 않잖아요! 그렇다면 '신'도 관념은 있지만, 실제로 존재하지 않을 수도 있지 않을까요?"

이번에도 소미의 질문이었다. 정확히 이해하고 있는 듯한 질문이었다.

"아, 답하기 전에 먼저 좋은 질문이라는 걸 말씀드리고 싶군요."

데카르트가 소미를 향해 빙긋이 웃으며 말했다.

"그 문제엔 인간의 이성을 고려해야 합니다. 예컨대 신기루라는 관념에는 그것이 필연적으로 존재한다는 사실을 포함하지 않습니다. 우리는 이성을 통해 그것이 가공이라는 것을 압니다. 하지만 '완벽한 실체'라는 관념은 다릅니다. 신을 예로 드니까 헷갈리나 보군요. 그러니까 제가 살던 시대에는 신보다 완벽한 실체를 더 잘 표현할 수 있는 것이 없었습니다. 게다가 당시 사람들은 신의 존재에 대해 의심하지 않았거든요. 이것은 현대에 사는 여러분이 이해하기는 어려운 부분입니다. 완벽한 실체라는 관념 자체에 '필연적 존재'라는 사실이 포함됩니다. 신이 아니더라도 우리는 그 실체가 현존한다고 생각합니다. 그렇지 않으면 관념을 이렇게 강하게 믿을 리 없지 않을까요? 그렇다면 그 실체는 어디에 있을까요? 여러분 스스로에게 한번 물어보세요. 완벽한 실체가 존재한다는 것을 믿으면 완벽한 기준도 마음속에 있습니다. 사람마다 완벽한 기준은 다릅니다. 그래서 제 사상은 현재, 이곳에서 쓰이고 있는 거겠지요."

그러자 소미가 차분한 소리로 대답했다.

"이해했어요. 선생님. 우리는 완벽을 믿고 추구하잖아요. 그건 완벽한 실체가 존재하기 때문이었군요. 우리의 이성적 사유로 확실히 알 수 있는 거고요. 선생님은 과거에 신을 완벽한 실체로 보셨지만, 과학이 발달한 현재에 살고 있는 우리는 신이 없다고 보는 사람도 많기 때문에 완벽한 실체가 존재하지 않는다고 생각할 수 있어요."

데카르트가 말했다.

"맞습니다. 전 플라톤처럼 이성과 존재 사이에 일정한 관계가 있다고 믿었습니다. 우리가 이성적 사유에서 얻는 것이 반드시 긍정적·필연적으로 존재해야 하는 이유가 있을 겁니다. 어느 날 여러분에게 그렇게 존재하는 완벽한 실체를 제시한다면 얼마나 놀라게 될까요?"

데카르트, 인간과 동물의 차이점을 말하다

"모든 것을 의심하시니까 모든 문제에 대해 생각하실 것 같아요. 잘 모르는 영역이라도 선생님의 지식 안에서 해결 방법을 찾으려 하신다니 정말 존경스럽습니다. 그런데 질문이 있어요. 인간은 대체 어떤 동물인가요?

노신사는 질문할 때마다 늘 조심스러웠다.

"제 심중을 제대로 파악하셨네요. 제가 이해하는 인간은 이원적 산물입니다. 이원적 산물이란 무엇일까요? 지금부터 자세히 얘기해보지요.”

데카르트는 탁상 위의 컵에 물을 따라 마신 후 강의를 이어갔다.

“좀 전에 말씀드렸듯이 전 신이 존재한다고 생각합니다. 그런 시대를 살았고요. 신은 우주의 조물주입니다. 이 우주에는 다른 형식의 두 실체가 존재합니다. 하나는 사유나 영혼이라고 불리는 정신적인 것이고, 다른 하나는 연장延長이라는 성질을 가진 물체들로 물질적인 겁니다. 모든 물체는 공간의 일정 부분을 점유하며 존재해가는데, 물체의 이러한 성질을 연장이라 합니다. 정신과 물질, 이 두 실체는 모두 신에게서 비롯된 것입니다. 신만이 완벽하게 독립된 실체니까요. 이 실체 관념들은 동물과 인간의 차이점을 이해하는 데에 도움이 됩니다. 전 인간만이 영혼을 가지고 있다고 생각합니다. 동물은 본래 영혼 없이 연장된 몸으로서 실제 세계에 속해 있습니다. 동물의 존재는 영혼, 즉 마음이 없는 일종의 복잡한 기계 장치와도 같은 겁니다.”

데카르트는 사람들의 눈을 하나하나 쳐다보며 말했다.

“인간도 영혼으로만 구성된 것은 아닙니다. 실제의 존재성을 가지고 있으며 공간을 점유합니다. 즉 인간은 영혼이 있고, 생각할 수 있으며, 물질적인 성분으로 된 연장된 몸도 가지고 있는 겁니다. 그래서 이원적 존재라고 할 수 있습니다. 예전에 어떤 연구가가 그러더군요. 인간은 ‘동물 같은 육체’에 ‘천사 같은 영혼’을 가진 존재라고요. 하하. 우리의 영혼은 신체보다 훨씬 자유롭고 그 영향을 받지 않기 때문에 독립적으로 활동할 수 있지요. 우리의 사유는 영혼에서 활동하므로 연장된 세계의 영향을 받지 않습니다. 그러나 육체는 어떻습니까? 육체는 기본적인 법칙을 준수해야 합니다. 예를 들면 차도가 아닌 인도로 걷는다거나 다른 사람의 침대에서 함부로 자지 않는다거나 하는 것과 같은 법칙이지요."

데카르트의 말에 노신사는 천천히 고개를 끄덕였다.

의심할 수밖에 없는 영혼 불멸에 대한 결론

"영혼의 독립성은 여전히 구현되고 있습니다. 그것은 육체와 완전히 독립된 상태로 활동하며, 이성은 육체에서 완전히 벗어나 더 지속적이며 영원한 진리를 획득합니다. 우리는 늙으면서 몸의 변화가 나타납니다. 머리가 벗겨지고 치아가 빠집니다. 그렇다고 해서 '1+1=2'라는 이성적 인식에 영향을 주지는 않습니다. 이런 점에서 이성은 변하거나 흔들리지 않는다고 말할 수 있겠네요. 그런데 육체와 영혼은 서로 긴밀하게 연결돼 있습니다. 생각해보면 우리의 육체와 영혼이 서로 영향을 줄 때가 사실 많잖아요. 예컨대 생각의 오류나 착오가 발생했을 때 어떤가요? 우리는 스스로에게 분노하면서 잠시 화난 동작을 보입니다. 혹은 불공평한 대우를 받았을 때를 떠올려볼까요? 역시 크게 격분하며 얼굴색이 변하는데, 이때 우리의 사유 판단도 육체적 현상을 동반하는 감정의 영향을 받아 객관성을 잃기도 합니다. 이런 사례만 봐도 영혼과 육체는 매우 밀접한 관련이 있다는 걸 알 수 있지요."

잠시 뜸을 들이던 데카르트가 다시 말을 이었다.

"저도 '영혼 불멸'의 관점에 대해 생각한 적이 있습니다. 하지만 영혼과 실제 세계 속에 물질적으로 존재하는 육체와의 복잡한 관계 때문에 '영혼 불멸이 존재하는가'에 대해 절대적인 결론을 내릴 수는 없었습니다. 영혼이 영원하다는 건 사실 증명하기 어려운 명제이고, 반대로 영혼이 영원하지 않다면 역사 속 사유의 결론이 어떻게 계속해서 후대에 전해질 수 있을까요? 흠, 너무 난해하고 복잡한 문제라 생각을 거듭해봐야 결론을 내릴 수 있을 것 같네요……."

데카르트는 사색에 잠긴 듯 골똘한 표정을 짓더니 밖으로 휙 나가버렸다. 지금 강의 중이라는 사실도 까맣게 잊은 채 자기만의 생각에 빠진 듯했다. 학생들은 그가 완전히 시야에서 사라지고 몇 분이 흐른 뒤에야 웅성거리며 자리를 떴다. 수업이 아직 끝나지 않았다고 데카르트가 말하며 다시 돌아올 것만 같은 개운치 않은 기분이었다.

'또 의심에 빠지신 거겠지. 영혼이 몸을 통제한 것처럼 보였거든. 생각하느라 수업도 잊으셨나봐. 정말 대단한 철학자인걸.'

집으로 돌아오는 길, 연아는 어이없게 끝나버린 수업을 자신도 모르게 머릿속으로 정리하고 있었다.

롤스 선생님,
전쟁에도 정의가 있나요?

▶▶ 롤스가 대답해주는 '정의' 이야기

여러분은 정의를 명분으로
내세운 전쟁에 대해
어떻게 생각하나요?

 아무리 명분이 있다 해도 전쟁이 옳은 건 아니에요.

 다른 나라가 우리의 고유 풍습이나 신념을 무시하고 침해하
려 한다면 전쟁이 불가피할 것 같아요. 우리의 정의를 지켜야죠.

 한쪽에게 정의로웠을지 몰라도 역사상 진정으로 정의롭다고 말할 수
있는 전쟁은 없었다고 생각해요.

▶▶ 생각해보기 ◀◀

'옳음'과 '좋음'을 구분하고
정의를 실현하려면 어떻게 해야 할까?

영화 「봉배도저」가 중국에서 개봉과 동시에 큰 인기 몰이를 했다. 벌써 속편까지 나왔고 한국에서는 유승준의 출현으로 화제가 되었다고 했다. 장르는 액션과 멜로인데, 단순히 그런 장르라기보다는 다소 지능은 떨어지지만 주인공 라오싼의 정의로운 행동들이 인상 깊은 영화라고 할 수 있었다.

"혹시 「봉배도저」 봤어? 주인공이 정말 재밌게 나오던데!"

일찍 도착한 민수가 다른 학생들과 수다를 떨고 있었다.

"나도 그 영화 보고 한참 웃었어. 하지만 현실에서는 정말 보기 드문 사람 아냐? 아니, 거의 없다고 봐야겠지. 그런데도 어쨌든 아주 현실적인 영화였어. 지금 우리가 사는 사회도 마찬가지인 것 같아. 영리한 사람은 자기 이익을 챙길 줄 알고, 순수한 사람은 바보처럼 의리만 지키면서 살려고 노력하잖아."

소미가 한숨을 내쉬며 말했다.

영화에 대해 저마다 느낀 점을 이야기하느라 시끄러웠다. 그사이 연아는 칠판에 쓰인 '정의'라는 글자를 쳐다보며, 오늘의 철학 수업을 통해 뭔가 해답을 찾을 수 있지 않을까 생각했다.

정의란 무엇일까?

"안녕하세요. 존 롤스입니다. 미국인이고 하버드대학교에서 교수로 있어요. 오는 길에 꽤 많은 교통경찰이 순찰을 도는 걸 봤습니다. 특히 학교 근처에 많더군요. 혹시 여러분도 보셨나요? 무슨 일인지 궁금했는데 나중에 알고 보니 오늘이 수능이더군요. 수험생들이 제시간에 도착할 수 있도록 정부에서 인력을 동원해 교통정리를 했던 거예요."

눈앞에 롤스가 있다는 놀라움을 느낄 새도 없이 바로 강의가 시작됐다.

"그리고 흥미로운 장면을 목격했습니다. 시험장에는 휴지를 가져갈 수 없다면서요? 그럼 추워서 콧물이 나면 어떻게 닦느냐고 물었더니 대충 닦아야 한다고 하네요. 시험장에서의 절대적인 공정성을 지키고 커닝을 방지하기 위한 조치랍니다. 하지만 그때 많은 학부모들이 항의하고 화를 냈어요. 우리 아이가 정말 커닝을 계획한 것도 아닌데 그깟 휴지 하나도 못 갖고 들어가느냐며 따지더군요. 과연 어느 쪽이 옳은 걸까요? 공정한 정의란 어느 시점에서 실현되는 걸까요? 오늘은 '정의'라는 주제로 이 궁금증을 풀어보도록 하겠습니다."

그 어느 때보다 사람들의 눈이 반짝였다. 연아도 집중해서 들었다.

"모두가 정의를 추구하며 살아간다고 생각합니다. 하지만 정의가 진짜 무엇인지 묻는다면, 바로 대답하는 사람은 그리 많지 않을 겁니다. 출근할 때 자가용을 이용하는 사람은 도로를 더 넓혀 길이 덜 막혔으면 좋겠다고 생각합니다. 반면 대중교통을 이용하는 사람은 국가가 각 가정당 구입할 수 있는 자동차 대수를 제한해 길거리에 차가 많이 다니지 않았으면 좋겠다고 생각합니다. 누가 더 옳은 걸까요?"

쉽게 대답하는 사람이 없었다. 강의는 다시 조용히 이어졌다.

"아리스토텔레스는 『니코마스 윤리학』이란 저서에서 정의에 대한 정의를 다음과 같이 내렸습니다. '모든 사람이 마땅히 받아야 하는 부분이다!' 그럼 모든 사람이 받아야 하는 부분이란 무엇일까요? 이 문제에 대해 아리스토텔레스는 세 가지의 기준을 제시했습니다. 첫째, 교정적 정의입니다. 정의롭지 않은 상황에서 처벌 등의 수단으로 교정하는 것입니다. 둘째, 분배적 정의입니다. 이 정의관은 주로 공평함이나 평등 같은 문제와 관련된 것으로, 일정한 기준에 따라 그 이익을 균등하게 단체 구성원에게 나눠주는 것입니다. 셋째, 절차적 정의입니다. 공정한 길로 가는 절차적 해결 방법은 순수와 비순수라는 두 유형으로 나뉩니다. 먼저 비순수 유형의 절차적 정의는 절차의 결과를 이미 아는 상황에서 이것을 실행하는 것입니다. 예를 들면, 만약 세 사람이 케이크의 크기를 이미 알고 있다면 가장 마지막에 케이크 조각을 받는 사람이 자르는 절차를 해야 합니다. 그래야 세 사람 모두가 많거나 적지도 않은 자기 양을 골고루 획득할 수 있습니다. 반면 순수 유형의 절차적 정의는 결과를 전혀 알 수 없는 상황에서 공정한 절차로 처리하는 것입니다. 예를 들어 설거지할 사람을 정할 때, 주사위를 던져 가장 적은 숫자가 나온 사람으로 정하면 정의가 결정됩니다. 모두 이렇게 하는 것이 공정하다고 생각하지요. 왜 공정으로 정의를 판단하는 걸까요? 대다수의 정의로운 행동의 목적은 공정 실현이기 때문입니다. 불공정한 대우로 인해 어느 한쪽이 피해나 상해를 입었을 때 그 불공정한 대우를 없애는 방법이 바로 정의를 실현하는 겁니다."

이때 침묵을 깨고 민수가 솔직하게 물었다.

"그런데 선생님, 어떤 사람들은 공정이나 정의를 내세우면서 부정한 일을 하기도 하잖아요. 대표적인 예가 전쟁인 것 같은데, 어떤가요?"

롤스는 진지한 표정으로 답변했다.

"그건 우리 모두가 함께 생각해볼 문제 같군요. 수많은 전쟁이 정의를 명분으로 일어났습니다. 전쟁을 찬성하는 사람은 무력이 대의적으로 정의롭다고 생각하지요. 그러나 전쟁을 반대하는 사람은 정의롭지 않다고 생각합니다. 따라서 정의란 무엇인가에 대해 판단하기는 아주 어렵습니다. 절대적인 정의란 없습니다. 하지만 정확성을 판단하는 기준은 명확합니다. 정확성의 기준을 논하려면 일단 올바른 정의의 근원부터 시작해야 합니다. 옳고 그름의 기준은 원래부터 저절로 있는 것이 아닙니다. 인간이 정의를 내려야 하는 겁니다. 즉 주체자의 문제입니다. 이때 가장 먼저 생각나는 것이 바로 권위입니다. 독재자는 권위적이지요. 법치국가에서 법률은 권위적입니다. 또 뭐가 있을까요? 학교 내의 질서, 회사 내의 기업 규칙, 종교의 교리 등도 모두 권위적입니다. 이러한 권위의 영역에서는 아주 명확하게 기준을 판단할 수 있습니다. 권위적인 것을 위반하면 옳지 않습니다. 여러분의 찬성이나 반대와 상관없이, 합리적이든 비합리적이든 간에 일단 권위의 영역에 들어가면 정확한 기준이 존재하는지에 대한 문제는 더 이상 논의되지 않습니다. 좀 더 쉬운 예를 들어볼게요. 여러분이 졸업하고 패션 회사에 취직했다고 칩시다. 회사에서는 여직원들에게 반드시 10센티미터의 힐을 신고 출근하라는 지시를 내렸습니다. 여러분은 매우 불합리하다고 느끼지만 결국 준수합니다. 물론 힐을 신지 않는다고 해서 법을 어기는 건 아닙니다. 하지만 회사는 그 일로 여러분의 채용을 번복할 수도 있겠지요. 이번에는 조경 회사에 취직했다고 생각해봅시다. 매일 꽃과 잔디를 정리해야 하므로 편한 신발을 신고 출근하라고 합니다. 평소 힐을 너무나도 좋아하는 사람이라면 거부하고 싶겠지요. 그런데 그 회사도 여러분을 해고할 수 있습니다."

분위기가 가라앉아 있다고 느꼈는지 롤스가 빙긋 웃으며 다시 말했다.

"제가 너무 우울한 예를 들었나요? 일상생활에서 이런 일이 일어날 확률은 그리 많지 않을 거예요. 우리는 어딜 가나 그곳 나름의 규정이 있고, 그 규정을 준수해야만 생존할 수 있음을 잘 알고 있습니다. 보통 '아는 것'과 '모르는 것'으로 나뉩니다. 성장 과정에서 끊임없이 잘못을 저지르고 또 고치면서 무엇이 옳고 적당한지를 인식한 후에 올바른 결정을 하게 됩니다."

그러자 소미가 동의하며 말했다.

"선생님 말씀이 맞아요. 실수를 저지른 후에는 올바른 지식이 쌓이고 흩어진 관념이 자연스럽게 옳은 쪽으로 인식되어가거든요."

합의로 세울 수 있는 정의

"저도 한때는 공정한 정의와 질서를 유지한 사회가 있다고 믿었습니다. 안정적이고 도덕적인 사회 말입니다. 제가 쓴 『정의론』에서도 나와 있습니다. 하지만 지금 사회는 제가 상상하던 것보다 훨씬 복잡하다는 것을 확실히 알게 되었습니다. 지금은 가치가 다원화된 사회입니다. 종교, 철학, 도덕

등의 학설이 서로 충돌하고 관념과 제도가 민주적인 제도 아래 공존합니다. 그렇다면 어떻게 공생하고 합의를 도출할 수 있을까요? 이제부터 이것을 '중첩적 합의'라는 개념으로 설명하겠습니다. 중첩적 합의는 저의 저서 『정치적 자유주의』에서 언급했습니다. 완전한 일치는 불가능하지만 어느 선에서 합의라는 것을 할 수 있습니다. 이것은 정치 사회에서 공정한 정의를 보장할 때 필요한 방법입니다."

롤스는 자못 진지한 목소리로 강의했다.

"제 마음속 사회는 '합리적 다원주의'입니다. '다원주의'라는 말은 모두한 번쯤 들어보셨을 겁니다. '합리적 다원주의'는 다소 생소한가요? 합리는 주체 사이의 관계에서 드러난 태도입니다. 즉 공정한 협력 속에서 타인을 평등하게 대하고 공공의 규칙을 준수하거나, 전체 생활 계획에서 다른목표를 순서대로 정렬합니다. 이 때문에 다원주의 앞에 '합리'라는 말로 수식한 겁니다. 세계에는 국가, 인종, 종교에 따라 서로 다른 여러 학설이 존재합니다. 평화롭게 공존하는 전제조건은 이런 학설을 기반으로 달성하는 겁니다. 민주사회에서 사람들은 가치관의 차이로 충돌과 폭력 사태가 일어나곤 합니다. 이때 가치관의 차이로 인한 논쟁은 피할 수 없습니다. 다시 말해, 공존하는 갈등의 충돌을 제약하는 것이 합리적 다원주의 사회의 특징입니다. 같은 국가에 살고 있더라도, 갈등과 충돌은 필연적으로 존재합니다. 예를 들면 종교의 차이, 풍습의 차이, 지역감정의 차이 등은 한 국가 내에서도 반드시 존재하는 충돌입니다. 그러나 충돌이 가득 찬 관념도 공동으로 생존하고 발전하는 방법이 있습니다. 바로 '중첩적 합의'를 이용하는 것입니다. 차이가 존재하지만 합의점을 찾기 위해 노력하면 함께 생존하는 희망과 가능성을 볼 수 있습니다. 모든 일에 만장일치를 볼 수는 없지만, 같이 협상하고 공동의 이익을 고려할 수는 있습니다. 물론 우리 관념상의 충돌은 우리가 '좋음'에서 합의를 할 수 없도록 합니다. 그러나 우리의 합의를 '옳음'의 기반에는 세울 수 있습니다. 처음에 말한 제도나 권위성에서의 올바른 합의 방법과 비슷한 맥락입니다."

"선생님, 제도와 권위에서 올바른 방법을 찾는다는 것은 잘 이해가 안 되네요."

소미가 의심스런 눈빛으로 물었다. 롤스는 인내심을 가지고 설명했다.

"예를 들어볼까요? 동양과 서양은 정치나 제도 관념에서 서로 위배되는 부분이 있고 서로 다른 '좋음'이 존재합니다. 하지만 권위적인 법률제도를 만들어 서로 평화롭게 공존하고 있습니다. 함께 세계 평화를 지키거나 상대방의 인권을 존중하는 등의 조항은 올바른 합의의 기초입니다. 상대방의 신앙을 바꾸려는 관념보다 훨씬 간단하지요."

롤스, 충돌을 피하기 위한 방법에 대해 말하다

"선생님, 만약 '옳음'과 '좋음' 사이에 충돌이 일어나면 우리는 둘 중 어느 것을 따라야 하는 건가요? 두 국가가 있는데 한 나라가 다른 나라를 함부로 침범할 수는 없잖아요. 이건 국가 간에 법률상 명확하게 규정된 거니까요. 하지만 한쪽이 다른 한쪽의 풍습을 무시한 채 민족 신념을 해하려 한다면 우리는 어떻게 해야 할까요?"

이번에는 수연의 돌발 질문이었다. 마치 어디서 읽어본 듯 말했다.

"예리한 질문이군요. 각 민족이 견지하는 신앙은 윤리와도 같습니다. 윤리와 법률 사이의 관계는 정말이지 복잡합니다. 공통점이 있으면서 충돌하는 점도 있지요. 우리는 사회의 보편적인 문제를 해결하기 위해 상응하는 법률을 집행합니다. 처음에는 곳곳에서 일어난 문제를 해결하기 위해 공동의 합의를 봤을 겁니다. 그러다 추후에 더 편히 해결하기 위해 전국적으로 통일된 법을 집행하고 강제적인 조치로 국민이 반드시 준수하도록 요구합니다. 하지만 윤리는 다릅니다. 이것은 사람이 태어나 성인이 되면서 자연스럽게 형성된 인생관이자 가치관이며, 누군가 강제로 실행할 수 있는 것이 아닙니다. 사람들은 이것을 자연스럽게 인지합니다. 윤리는 국민이 보편적으로 준수하는 것을 강요하지 않습니다. 국민의 통일성을 전체적으로 도출할 수 없지요. 그렇다고 하더라도 윤리의 중요성은 무시할 수 없습니다."

롤스는 입술을 축인 후 계속해서 말했다.

"일상생활에서 윤리적으로 판단해야 할 일이 많습니다. 때로는 윤리의 힘이 법보다 더 강할 때도 있습니다. 역사적으로 종교가 보여줬던 힘에서 알 수 있지요. 그래서 저는 가능하다면 윤리를 세계의 의무교육으로 추진해야 한다고 생각합니다. 인간의 마음속 윤리는 다르지만 모두가 서로를 이해한다면 좀 전에 말했던 충돌하는 상황들을 피할 수 있을 겁니다. 물론 법률과 윤리 사이에서 하나의 판단 기준만 선택해야 한다면 아주 어렵겠지요. 따라서 우리는 타인의 말과 행동에서 자기만의 기준을 형성한 후 구체적으로 어떻게 해야 하는지를 생각해야 합니다."

무지의 베일과 정의 실현

롤스가 차분히 대답했다.

"수업 전에 들어오면서 여러분이 영화「봉배도저」에 대해 말하는 걸 들었습니다. 저도 그 영화에 대해서 조금 알지요. 그 영화를 보면 저의 '정의론'이 떠오르거든요."

롤스는 천천히 웃으며 다음 말을 이었다.

"영화 속 남자 주인공이 실현하려는 것이 바로 제가 말한 정의입니다. 하지만 실제로 이런 인물과 사건이 주변에서 발견될 확률은 매우 낮습니다. 우리가 서로 이익이 다른 환경에 있을 때 판단하게 된다면 약자에 대한 절대적인 공정을 실현하기는 아주 어려울 겁니다. 쉬운 예를 들어볼까요? 만약 미성년자가 운전하다가 과속으로 세 살 된 아이를 치여 죽였다면, 여러분은 어떤 판단을 내릴까요? 미성년자라도 법을 어기고 아이를 죽였으므로 엄벌을 내려야 한다고 할지도 모르겠습니다. 그런데 말입니다. 그 소년이 여러분의 자녀라면 어떨까요? 그래도 여전히 엄중하게 법적 잣대로 처벌해야 옳다고 생각하시나요? 이 문제를 설명하기 위해서는 '무지의 베일'이라는 개념부터 이해해야 합니다."

쉽게 고개를 끄덕이는 사람이 없었다. 청중들은 그 어느 때보다 집중하고 있었다.

"무지의 베일이란 제멋대로 상상하는 원초적 상태입니다. 즉 한 사람이 자기 사회가 처한 상황에 대해 잠시 눈먼 상태를 말합니다. '무지의 베일' 뒤에 선 사람은 이성과 지식이 있는데도 불구하고 자신의 지위, 조건, 기호를 망각합니다. 계약 당사자는 이런 상태에서 사회계약을 맺습니다. 무지의 베일에서 벗어난다고 하더라도 바뀌지 않습니다. 한번 체결한 사회계약은 공정한 정의의 규칙을 구성합니다. 평등한 사람들 사이에서 정치적인 정의 원칙에 대해 공정한 합의를 이끌어내려면, 거래 중 부당한 이익을 챙기는 현상을 없애기 위한 규칙이 충분히 있어야 합니다. 이런 현상은 어느 사회제도에서도 피할 수 없습니다. 쉬운 예를 하나 더 들어볼까요? 여러분은 지금 무지의 베일에 가려져 있는 상태입니다. 이때는 여러분의 핸드폰이 86만 원의 가치를 유지해야 한다는 입장입니다. 그런데 무지의 베일이 열렸을 때 그 월급을 다 쓰고 통장 잔고가 없다는 걸 알게 된다면, 후회하면서 갖고 있는 핸드폰을 8만 6천 원에라도 팔아야겠다고 생각할지도 모릅니다. 당장 저녁을 사 먹을 돈도 없다면 말이지요."

롤스는 다시 한 번 청중을 둘러보며 말했다.

"왜 이런 생각을 하게 될까요? 정의 사회를 구축하기 위한 첫 번째 원칙은 모든 사람이 똑같이 최대한의 기본적인 '자유 권리'를 누려야 한다는 것입니다. 이것은 곧 각자 누리는 자유 권리와 타인이 누리는 자유 권리가 충돌하지 않아야 한다는 뜻입니다. 두 번째 원칙은 다음의 두 조건을 만족해야 합니다. 하나는 모두가 평등한 기회를 누리는 것이고, 다른 하나는 사회와 경제 분야에서 불평등한 현상이 있다면 가장 불리한 사람의 최대 이익에 부합해야 한다는 것입니다. 이를 통해서 알 수 있듯 이러한 원칙들이 있다면 우리는 무지의 베일을 유지해도 됩니다. 하지만 문제는 이런 가설이 실현되기 어렵다는 겁니다. 우리는 자기가 누구인지 망각할 때 비로소 정의가 무엇인지 정확하게 압니다. 영화 「봉배도저」의 주인공처럼 때론 멍청

182

한 것처럼 행동하는 사람이 절대적인 정의를 유지하는 겁니다."

그러자 오랜 침묵을 깨고 노신사가 대답했다.

"아, 선생님. 이제 이해했습니다. 어쩌면 바보 같은 사람이 바른 일을 하고, 똑똑한 사람이 어리석은 짓을 한다는 의미군요."

"거의 비슷합니다. 세상을 살다 보면 우리에게 불리한 일들은 너무나도 많이 일어납니다. 어떤 경우에는 타인에게 영향을 주면서 우리가 영향을 받기도 합니다. 그래서 어떤 판단을 할 때 최대한 입장을 바꿔서 생각해볼 필요가 있습니다. 아시겠지요? 자, 오늘 수업은 여기까지입니다. 다들 좋은 밤 되세요!"

롤스는 곧바로 퇴장했다. 오늘은 정말 유익한 수업이었다. 선생님이 떠난 후에도 사람들은 계속해서 정의를 주제로 토론을 벌였기 때문이다. 어느덧 철학 수업도 점점 끝을 향해 가는 듯했다. 하지만 지금 이 순간 사람들은 마음속으로 이 철학 수업이 영원하기를 바라고 있었다.

레비나스 선생님,
남을 의식하지 않고 살 수 없나요?

▶▶ 레비나스가 대답해주는 '타인과 자아' 이야기

여러분은 자신을 누군가와
비교해본 적이 있나요?

 저보다 날씬한 친구가 있으면 부러워요. 당장 다이어트를 해야겠다고 맘먹게 돼요.

 전 누군가와 나를 비교하는 게 싫어요. 비교하면 나만 피곤해지거든요.

 어떨 땐 엄청난 자존감으로 살다가도, 또 어떨 땐 한없이 내가 작아질 때도 있어요.

▶▶ 생각해보기 ◀◀

왜 의도치 않게,
타인과 자신을 비교하거나 의식하면서 살까?

연아는 요즘 고민거리가 생겼다. 집에도 자주 놀러 오던 언니의 친구 이야기 때문이었다. 곧 가까운 미래에 일어날지도 모른다고 생각하니 결코 남 이야기 같지 않았다. 그 언니의 친구가 새로운 회사에 지원했는데, 업무 능력이나 경력 상태가 적합했는데도 불구하고 지방대를 나왔다는 이유로 떨어졌다는 것이다. 그래서 언니 회사 내 인사팀에 친구 이야기를 하며 면접 기회를 주려고 했는데, 그마저도 거절의 답변을 받았다고 한다. 아무리 일 잘하는 직원의 추천이라 할지라도 기업이 원하는 대학의 졸업생이 아니면 채용할 수 없다는 것이다.

언니의 이야기를 들은 연아는 매우 화가 났다. 알고 보니 학벌로 인한 사회적 차별은 여전히 많이 있었다. 스펙이 난무하는 세상에서 그들의 졸업장은 거의 쓸모없었다. 누구보다 경력을 차근차근 쌓고 준비해오던 언니라는 걸 알기에 단지 출신 때문에 열등감을 느껴야 하는 현실을 생각하니 연아도 맘이 아팠다. 남들 앞에서 졸업 학교조차 자신 있게 말하지 않는다는 언니의 이야기를 들으면서 갑자기 인간과 인간 사이에는 무서운 '시선'이 있다는 것을 깨달았다. 어떤 이유든 사회에서 낙인이 찍히면 사람들의 시선에서 벗어날 수 없는 운명이 된다. 심지어 우리의 말 한 마디, 행동 하나가 모두 그 시선에 들어가는 것이다. 조금만 모자라거나 부주의해도 주변의 해석에 따라 웃음거리가 되거나 무시를 당하기 일쑤다. 다른 사람들의 시선을 의식하지 않고 자유롭게 자신의 개성을 드러내며 사는 사람이 있긴 한 걸까?

연아는 씁쓸한 마음으로 철학 수업에 참석했다.

타인은 우리에게 어떤 의미일까?

한 노인이 교실 안으로 들어왔다. 나이는 많지만 정정한 모습이었다.

"안녕하세요. 레비나스입니다. 오늘 수업에 제가 참여한 것도 인연이라고 생각합니다. 21세기를 경험해보지 못했기에 처음에는 좀 망설였는데 하이데거 같은 위대한 철학자들이 다녀갔다는 이야기를 듣고 저도 바로 동참했답니다. 오늘의 주제는 '자아와 타인'입니다. 모두 이 주제에 관심이 있을 거라고 생각해요. 우리는 항상 주변에 있는 타인과 접촉하고 타인의 영향을 받으니까요. 자, 그럼 먼저 도대체 타인이란 무엇인지 정확히 이야기해볼까요?"

철학자가 말한 이번 수업의 주제에 대해 모두 관심 있는 눈빛이었지만 선뜻 대답하는 사람이 없었다.

"여러분은 '타인'을 어떻게 보십니까? 사람들이 아주 싫거나 혹은 아주 좋다고 느낀 적이 있나요? 1등을 했을 때 친구들의 부러운 시선에 기쁘거나 자랑스럽지는 않았나요? 길을 가다 우연히 마주친 예쁜 여자를 감상하느라 정신이 팔려 전봇대에 쾅 부딪혔을 때 타인의 시선이 따갑지는 않았나요?

잠시라도 자신의 덤벙대는 모습을 봤던 사람들이 전부 사라졌으면 좋겠다고 생각한 적은 없나요? 면접 장소에서 면접관의 눈빛이 여러분의 버벅대는 입 모양에 1초라도 머물지 않길 바라지는 않았나요?"

레비나스가 학생들을 한 명씩 지목해가며 질문을 던졌다. 듣고 있던 사람들이 모두 킥킥 웃었고 곧 분위기가 화기애애해졌다. 오늘의 철학 선생님은 아주 독특한 분 같았다.

"왜 웃는 건가요? 일상생활에서 흔히 볼 수 있는 일이잖아요! 하하."

레비나스 선생님도 같이 사람 좋게 웃었다. 그리고 이어서 말했다.

"아리스토텔레스는 '인간은 사회적 동물이다'라고 했습니다. 그에 의하면 인간은 사회를 떠나서 생존할 수 없으며, 타인의 존재를 통해 자신의 존재를 인식할 수 있습니다. 그로 인해 타인과는 다른 자신만의 특징을 더 잘 인식할 수 있지요. 바꿔 말하면, '타인'이라는 존재는 우리가 스스로를 인식하기 위한 객관적인 기준입니다. 정신분석학자 자크 라캉은 갓난아기가 거울에서 본 자기의 모습은 그가 최초로 접한 '타인'의 개념이라고 했습니다. 거울에 비친 존재와 자신이 동일인임을 알게 되는 과정을 거쳐 자아가 생기고, 타인과 관계를 맺으며 자아를 성숙시킨다고 본 것입니다. 곧 타인을 인식해야만 우리가 완전하게 자신을 인식할 수 있다는 거지요. 성장 과정에서 우리는 자연스럽게 타인과 자신을 비교하고 대조하면서 자신의 이미지를 형성하니까요. 우리는 각자 스스로에 대해 매우 신경 씁니다. 철학자들은 자기와 타인의 존재 관계에 대해 다양한 견해를 가지고 있습니다. 저는 타인의 존재는 타인이고, 자기와 완전히 다른 존재라고 생각합니다. 일단 외모를 봅시다. 여러분은 아마도 아름답고 멋있는 외모를 원할 겁니다.

하지만 자기 외모를 억지로 그렇게 바꾸는 사람은 드뭅니다. 좋아하는 사람의 모습으로 완전히 똑같이 성형 수술하는 사람도 없을 겁니다. 물론 요즘에는 워낙 뛰어나서 기술적으로는 가능하겠지만, 실제로 하는 사람은 거의 없겠지요."

이번에는 고개를 끄덕이기보다 갸우뚱하는 사람들이 많았다. 요즘에는 선망하는 대상과 같이 닮으려 하고 그것에 만족하는 사람들도 많기 때문이었다.

"그리고 인간은 타인을 볼 때 자기와 끊임없이 비교를 합니다. 모든 사람이 갖고 있는 심리로서, 타인에 비하여 추하거나 부족한 단점이 없다는 사실을 다행으로 여깁니다. 그러나 조금이라도 상대방의 뛰어난 점이나 멋있는 점을 보면 부러워합니다. 어쨌든 여기서 중요한 것은 타인을 통해 자기의 장점이나 단점을 발견할 수 있다는 것입니다. 그리고 자기를 타인과 다른 방향, 아름다운 방향으로 발전시키고 유지하기 위해 노력합니다. 이것이야말로 타인이 필요한 존재라고 하는 데 대한 이유가 됩니다. 마지막으로 우리는 타인의 눈에 비친 자기의 이미지를 궁금해합니다. 이는 자기의 아름다운 모습을 타인 앞에 보이고 싶어 하는 심리와 같습니다. 타인이 자신을 보는 시선은 영원한 수수께끼입니다. 우리는 의식하고 있지만 정확히 인지할 수 없으며 영원히 통제할 수 없습니다. 또한 타인이 자신의 사생활을 꿰뚫어보는 것을 원치 않기 때문에 그들의 시선을 더더욱 신경 쓰게 됩니다. 어쩌면 타인이 자기에 대해 호평과 악평 중 어떤 평가를 내릴지 궁금해서일 수도 있고, 사르트르의 말처럼 상대방에게서 자기를 되찾아오고 싶어서일 수도 있겠지요."

서로가 피곤한 '비교'

레비나스가 또다시 질문했다.

"주말 저녁, 집에서 편하게 잠옷만 입은 채로 쉬다가 갑자기 외출할 일이 생겨서 어쩔 수 없이 옷을 갈아입어야 할 때 귀찮았던 경험이 있지 않나요? 평일 내내 학교 아니면 학원이나 독서실에서 공부만 하다가 주말만큼은 좀 쉬고 싶은데 엄마의 눈치를 보느라 피곤하다고 느낀 적이 있지 않나요?"

수연이 곧장 대답했다.

"맞아요. 집에서 좀 쉬고 싶은데 부모님 눈치 때문에 불편할 때가 가끔 있거든요. 공부 안 하고 그냥 있는데도 왠지 피곤해요."

이때 소미도 흥분된 말투로 대답했다.

"정말 그래요. 저는 외출할 일이 생길 때 더 귀찮아요. 한번 나가려면 외모를 신경 써야 하니까 그게 얼마나 성가신지 몰라요. 친구들 만날 때 어쩌다 짧은 치마라도 입는 날이면 더 피곤해요. 집에서 민낯으로 쉬고 있으면 얼마나 편한데요. 펑퍼짐한 바지에다 김칫국물이 튀고 목이 늘어난 옷을 입어도 아무도 쳐다보지 않으니 좋아요."

모두 비슷한 마음인지 여기저기서 웃음소리가 났다.

"그럼 하나만 더 물을게요. 여러분은 왜 외출이 피곤하다고 느낄까요? 외출할 때는 왜 집에 있을 때와 같을 수 없는 걸까요?"

레비나스가 다시 물었다.

"아휴, 선생님. 그건 당연히 그럴 수 없죠. 집 밖에 나가는 순간부터 얼마나 많은 사람들이 쳐다보는데요."

소미가 답답하다는 듯이 큰 소리로 대답했다.

"허허, 그렇지요. 외출하면 누군가 쳐다보지요. 사실 이런 심리도 우리가 주변 사람의 시선을 의식하면서 생겨난 겁니다. 자기가 외출할 때 다른 사람의 말이나 행동, 옷차림을 보기 때문에 남들도 그럴 거라고 생각하는 거지요. 바지 지퍼가 열린 사람이나 길에서 우스꽝스럽게 넘어진 사람을 보면 웃음이 터질 때가 있어요. 버스 안에서 고개를 뒤로 젖힌 채 코 골며 입 벌리고 자는 사람을 봐도 웃기고요. 우리의 말과 행동은 모두 다른 사람의 눈에 비칩니다. 그래서 우리는 당연히 사람들의 시선과 평가를 신경 쓰지요. 특히 자신이 약자일 때 다른 사람의 관심은 더욱 싫어집니다."

그러자 이번에는 민수가 말했다.

"진짜 그런 것 같아요. 다른 사람의 시선이 느껴지면 뭔가 불편하면서 성가시거든요."

"왜 그런 느낌이 드는 걸까요? 이유는 아주 간단합니다. 비교를 당하고 있기 때문에 피곤하다고 느끼는 거예요. 혼자서 집에 있을 때는 속옷만 입고 소파에 누워 있어도 자기에 대해 평가할 사람이 아무도 없습니다. 텔레비전을 보든 인터넷을 하든 마찬가지예요. 다른 사람과 비교를 당하거나 그들이 자신을 어떻게 바라볼 것인지에 대해 신경 쓰느라 힘 뺄 필요가 없습니다. 사람마다 장점이 있고 약점이 있습니다. 완벽한 사람은 존재하지 않아요. 우리는 모두 열등감이라는 게 있습니다. 예를 들어 여러분의 키가 150센티미터이고 주변 친구들은 모두 그보다 크다고 한다면, 어떤 생각이 들까요? 친구들을 만날 때마다 자신의 키를 비교하며 결국 도망치고 싶은 맘이 들 겁니다. 낯선 사람들이 여러분을 훑어보는 건 어떤가요? 더더욱 싫겠지요. 자기의 장점인 눈을 보는데도 괜히 고개를 숙이고 상대의 시선을 피하려고 할 겁니다. 대중의 인기가 필요한 연예인도 결국 이런 지속적 관심 때문에 피곤함에서 벗어날 수 없습니다. 그들도 관심 받는 걸 싫어할 때가 있습니다. 실수를 하거나 창피한 순간이 있기 때문에 자기에게 불리한 면을 비교당한다면 당연히 싫겠지요. 비교하는 행위로 인해 자신이 피곤해지는 이유는 간단합니다. 상대방과의 비교로 결국 자신의 약점을 발견하게 되니까요. 그러면 과연 기분이 좋을까요? 물론 비교를 통해 자신을 자극하고 더 발전시킬 수 있다고 하면 이야기가 달라지겠지요. 스스로를 다른 사람과 비교하든 남이 자기를 보고 비교하든, 모두 맘 편한 일은 아닙니다. 그렇지 않나요?"

레비나스, '타인'과 '나'의 관계에 대해 말하다

청중의 반응을 살피며 레비나스는 말을 이었다.

"사람과 사람 사이의 관계는 본래 명확하게 말할 수 없습니다. 앞서 다른 철학자의 말처럼 법률에 따라 그때그때 계획하거나 요구할 수 없고, 물론 이성적인 사고로 '이것이 아니면 저것'이라는 논리를 세우는 것도 불가능합니다. 그래서 저는 생각했지요. '윤리로써 타인과 나의 관계를 설명하는 것이 가장 좋겠다!' 윤리 사상이 우리의 생활에서 사라질 수 없는 것처럼, 타인의 존재와 자기의 관계도 영원히 끊을 수 없습니다. 타인은 '나'의 책임이며, '나'는 타인에 대한 무한한 책임을 짊어졌습니다. 제가 왜 이런 말을 할까요? 여기서의 '책임'은 사실 여러분이 자주 말하는 의무와 비슷합니다. 일반적으로 우리는 자기를 위해 책임을 지지만, 여기서 말하는 책임은 타인을 위한 것입니다. 즉 타인을 위해 자기에 대해 책임지는 것이지요. 예를 들면 더 쉽게 이해가 될 것 같네요. 버스는 공공장소입니다. 버스 안에서 하면 안 되는 행동이 법으로 규정된 건 아닙니다. 다만 다른 승객에게 피해를 입혀서는 안 된다는 공통된 윤리 관념이 있지요. 가령 맨 뒤에 있는 긴 의자에 혼자 대자로 눕는다거나, 차 안에서 함부로 소변을 본다거나, 마치 자기 전용차인 양 버스기사에게 이래라 저래라 방향을 지휘한다거나 하는 행위는 상상도 할 수 없는 일입니다. 이런 것들이 바로 타인을 위해 여러분이 책임져야 하는 부분입니다. 타인의 존재로 인해 윤리가 존재하는 것이며, 여러분은 그 윤리를 위반할 수 없습니다. 이 윤리를 따르는 것은 여러분의 성장 과정에 반드시 필요한 조건입니다. 따라서 해서는 안 되는 일들이 많은 이 세계에 들어섰을 때, 여러분은 자신의 의식에 이런 것들을 주입해야 합니다. 책임을 받아들여야 하는지를 의식하기 전부터 그 책임은 이미 당신의 의무입니다. 책임은 여러분이 무엇을 감당할 수 있느냐가 아니라, 무엇을 부여받았느냐에 달렸습니다. 여러분이 감당할지를 결심하느냐 마느냐에 따라 책임이 이동하지 않습니다."

"그러니까 책임은 의무라고 할 수 있고, 우리와 무관할 수 있지만 우리가 성장하는 데 중요한 부분이라는 거군요. 함부로 침을 뱉지 않는 것, 공공장소에서 떠들지 않는 것 같은 행위가 모두 우리에게 부여된 타인에 대한 책임인 거죠. 그 책임은 우리 자신의 도덕 수준에서 나온 상식이고요. 맞죠?"

소미는 왠지 무척 즐거워 보였다.

"네, 그래요. 타인의 존재가 우리의 도덕 의식을 성숙시킨다고 할 수 있어요. 타인에게는 자신도 '타인'의 신분이니까요. 타인을 신경 쓰지 않는다는 견해는 그 타인의 감정을 고려하지 않고 자신의 책임을 떠넘기는 것과 같아요. 완전히 제 마음대로 하겠다는 거지요. 모두 그런 생각이라면 인류는 퇴보할 거예요. 타인에 대한 우리의 책임은 본래 타고난 거라 조건이 없어요. 우리는 진심으로 타인을 위해 책임을 져야 합니다. 신이 인간을 무조건적으로 사랑하는 것처럼, 나쁜 기대나 보답은 따지지 말아야 합니다. 이후 타인이 어떻게 행동할 건지는 타인의 일이에요. 우리와는 상관없지요. 우리는 우리 자신의 본분을 다하면 그걸로 된 거예요."

타인에 대한 우리의 책임

레비나스는 잠시 청중을 향해 웃어 보이며 다시 말을 이었다.

"또한 '타인'의 존재가 많아질수록 우리가 감당해야 할 책임도 많아집니다. 간단히 예화를 들어볼게요. 어렸을 때부터 깊은 산속에서 자란 아이는 평생 흙만 만지고 도시에는 간 적이 없어요. 평생 본 사람도 10명이 채 넘지 않지요. 그렇다면 그 아이가 져야 할 책임은 당연히 도시에 사는 아이보다 훨씬 적겠지요. 그 아이는 버스에서 노약자나 임산부에게 자리를 양보해야 한다거나, 수도꼭지를 사용 후 꼭 잠가야 한다거나 하는 것을 굳이 알 필요가 없어요. 이러한 타인에 대한 책임은 그 아이의 세계에 존재하지 않았으니까요. 타인의 존재가 거의 없는 곳이라면 이렇게 타인과 자신의 관계를 형성하고 책임을 인식할 필요가 없습니다. 책임은 우리가 통제할 수 없습니다. 그것이 부여하는 대로 여러분은 책임을 질 뿐입니다. 모든 사람의 책임은 대체되지 않습니다. 사람마다 다른 인생을 사는 것처럼, 우리는 각자의 책임들 때문에 세상에서 유일한 존재가 된 겁니다. 오늘 수업은 여기까지입니다. 부디 유익한 시간이 되었길 바랍니다. 감사합니다!"

레비나스는 성큼성큼 교실 밖으로 걸어 나갔다. 눈높이에 맞춘 쉬운 이야기와 친절한 설명 덕분에 연아는 그 어느 철학자의 수업보다 한결 재미있었다고 생각했다.

후설 선생님,
진실은 아무도 모르나요?

▶▶ **후설이 대답해주는 '현상' 이야기**

여러분은 왜 끊임없이
경험을 하려고 하나요?

 그야 많이 겪을수록 시야도 넓어지고, 지식도 쌓이니까요.

 경험은 삶을 살아가는 데 있어 꼭 필요한 겁니다. 자신을 더
발전시키기도 하니까요.

 경험이 만일 여러분이 진실을 보는 데 방해가 된다면 어떨까요?

 글쎄요. 그건 잘⋯⋯.

▶▶ **생각해보기** ◀◀ ────────

경험은 과연 우리가 살면서 부딪힐 수많은 사건과
현상들의 본보기가 될 수 있을까?

얼마 전 인터넷을 뜨겁게 달군 기사가 있었다. 한 트럭이 고속도로에서 전복되면서 싣고 가던 비닐봉지가 우르르 떨어졌는데, 놀랍게도 봉투들 안에서 십여 구의 시체가 발견되었다는 것이다! 기사가 뜨자마자 엄청난 화제가 되었지만, 사건 관계자는 의대에서 실험용으로 쓰는 샘플을 배달하려던 것뿐이라고 주장했다. "진짜일까?" "그게 진짜라면 배달이 무섭지 않나?" "세상에나, 정말 시체로 실험을 하다니!" 등 다양한 반응이 쏟아지면서 더 많은 사람들이 이 사건의 진실에 대해 의문을 가지기 시작했다. 도대체 진실은 무엇일까? 우리가 보는 것이 모두 진짜일까?

바로 그때였다. 문이 드르륵 열리며 한 철학자가 등장했다.

"안녕하세요. 독일의 철학자 후설입니다. 하이데거의 스승이기도 하지요. 앞서 그의 수업이 이미 있었다고 들었는데요. 그는 생전에 제가 가장 아끼던 제자였습니다. 하지만 무슨 일 때문인지 제 장례식에는 오지 않았더군요. 그의 대작 『존재와 시간』도 사실은 저에게 바치는 책이었습니다. 당시 사회 분위기 때문에 나오지 못할 뻔하기도 했지만요. 솔직히 말하면 내용이 좀 실망스러웠지요. 흠. 자, 뭐 어차피 다 지나간 얘기예요. 그럼 이제 본론으로 들어가 볼까요? 오늘의 주제는 '현상'입니다."

꾸미지 않은 듯 덥수룩한 수염의 남자가 그 유명한 후설이라는 사실에

적잖이 놀랐다. 오늘의 철학자는 그동안 궁금했던 진실에 관한 문제들에 대해 설명해줄 수 있을 것 같았다.

직접 봤다면 다 사실일까?

"지금까지 사람들은 항상 현상을 통해 본질을 보았습니다. 실제로 보이는 현상과, 현상에서는 보이지 않지만 존재하는 본질로 나눴습니다. 그리고 현상을 넘어서 존재하는 초월 세계를 의식의 대상이나 의식의 존재로 여겼지요. 저는 이 때문에 회의론이 나타났다고 생각합니다. 다시 말해 보이는 대상이나 현상으로 사물의 본질을 판단하는 방식이 아니라 '의식'으로 대상이나 현상을 분석하고 사물을 판단하는 방식을 취하면 우리는 분명 사물을 진실되게 재현할 수 없을 겁니다. 왜냐고요? 답은 아주 간단합니다. 우리가 명제를 제시할 때 이미 명제의 조건과 환경을 왜곡하니까요. 저는 '의심하는 것'을 가장 참을 수 없습니다. 저는 역사를 가장 믿지 않습니다. 역사는 확정할 수 없습니다. 우리는 영원히 역사를 직접 경험할 수 없고 당시 그 사건으로 돌아갈 수 없기 때문에, 우리가 접하는 역사는 인위적인 기록이나 묘사일 뿐입니다. 그것은 매우 주관적인 것이지요. 그래서 전 믿고 싶지도, 그것에 설득되지도 않습니다. 이것은 마치 어떤 사람이 아침을 안 먹었는데 배부르다고 말하는 것과 같거든요. 제가 아침 시간으로 돌아가서 사실을 증명할 수 없잖아요. 그래서 저는 아침을 먹었다고 확신할 수 없는 겁니다. 좀 까다롭다는 생각이 드시나요? 확실한 것이 아니고는 믿을 수가 없는 독특한 성격을 가져서 그런가 봅니다. 제 연구에도 그런 성격의 영향을 많이 받았지요. 오죽했으면 저에게 '미치광이 시계 장인'이라는 별명이 붙여졌겠습니까? 옆에서 지켜본 사람들이 제가 미친 듯이 일하는 스위스 시계 장인처럼 계속 '더 정확한 게 필요해!'라고 외친다고 하더군요."

후설은 멋쩍은 듯 웃으며 말했다.

"그렇다면 그 '확실한 사실', 어떻게 알 수 있을까요? 우리가 본 사물은 과연 드러나는 그대로의 모습일까요? 우리가 '인식'한 건 아닐까요? 우리가 이런 의문을 가지는 것은 사물 자체와 사물의 외재적 이미지를 구분하기 위해서입니다. 생각해보세요. 인식한 사물과 그 사물의 외형이 하나로 통일됐다면 이런 질문을 할까요? 하지 않겠지요. 여러분이 본 사물의 외형 자체를 자기가 인식하는 사물 그대로 여길 테니까요. 이것은 흔히 말하는 '직접 본 것'과 같습니다. 하지만 직접 봤다고 해서 그게 진짜 사실일까요? 아닙니다. 우리가 직접 봤다고 해도 때로는 사실 본연과 아주 동떨어져 있는 상황도 있습니다. 저는 이 점을 인정할 수 없습니다. 우리는 왜 직접 봤음에도 사실의 본연에 도달할 수 없는 걸까요? 우리가 인식하는 대상, 곧 사물 혹은 현상 자체의 존재 여부는 중요하지 않습니다. 핵심은 여러분이 본 것이 '대상의 본연'인지, 대상에 대한 '순수한 의식'인지 하는 겁니다. 우리는 '색안경을 끼고 본다'는 말을 자주 합니다. 어떤 사물이나 사람에 대해 편견이 있거나 바라보는 시각에 변화가 있다면, 그 의식은 사실과 다른 방향으로 사물이나 사람을 보게 하기도 합니다. 그렇다면 '직접 본 것'이라 해도 사실이 아닐 수 있습니다."

이때 수연이 고개를 끄덕이며 말했다.

"아, 그렇군요. '선입견'이 있다면 우리가 직접 본 사물도 사실 자체가 아닐 수 있다는 말씀이네요. 이미 우리의 주관이 개입됐을 테니까요."

"바로 그겁니다. 현상의 본연을 찾는 일은 필연적으로 이치에 부합하는 인식 방식입니다. 하지만 매우 어려운 과제이기도 합니다. 사람들의 의식 속 주관은 선입견이 되어 확정된 '명제'를 도출하니까요. 이것은 직접 본 것이지만 사물 본연으로 환원되지 않습니다."

현상의 본질을 찾는 방법

후설이 계속해서 말했다.

"우리 모두가 알고 있듯이 자연계에 존재하는 것들은 항상 자기 자신의 참모습을 숨기는 걸 좋아합니다. 사물의 참모습은 우리가 한눈에 알아차릴 수 없습니다. 그래서 우리는 주로 '현상'에서 본질을 보는 방법을 씁니다. 현상에서 본질을 보려면, 어떠한 외재적인 간섭도 받으면 안 됩니다. 눈과 의식을 모두 사물 자체에 집중해야 합니다. 그래야 현상에서 참모습을 찾을 수 있는 거지요."

그러자 민수가 푸념을 늘어놓았다.

"하지만 외부 방해를 받지 않고 순수하게 사물 자체에 관심을 갖는다는 건 불가능하지 않나요? 우리가 어떤 사물에 관심을 보일 때는 그 사물 주변의 상황에도 관심을 두게 되니까요. 의식에 그 잔상이 남고 우리의 판단을 방해하기도 하잖아요."

"네, 그래요. 그래서 제가 말하고자 하는 현상의 참모습을 찾는 방법은 사물이 의식에서 어떻게 표현되는지를 파악하는 방법과 같습니다. 다시 말해, 의식이 인식되고 드러나는 방법을 찾는 것입니다. 이를 파악하면 우리는 잠재적 의식의 방해를 받지 않을 겁니다. 오히려 주동적으로 의식을 파악하고 그 의식에서 현상을 찾을 수 있습니다. 사실 저는 경험을 쌓는 걸 찬성하지 않습니다. 경험이 나쁜 경우도 있기 때문에 오히려 우리의 판단과 결정을 잘못된 방향으로 이끌 수 있거든요. 예를 들어보겠습니다. 여러분이 심은 조롱박이 다 자랐는데 그중 하나가 수박만큼 너무 커버렸다고 생각해봅시다. 이때 여러분은 경험을 통해 박속이 거의 비어서 먹을 수 없다는 것을 압니다. 먹을 수 없다는 건 아무런 쓸모가 없다는 의미이지요. 결국 그 조롱박은 버려집니다. 나중에 다른 사람이 그 조롱박을 주웠습니다. 그 사람은 평소 보던 것보다 크니까 반으로 잘라서 용기로 쓰면 괜찮겠다고 생각했습니다. 그 조롱박은 물을 잘 뜰 수 있는 바가지가 되었습니다. 쓰레기가 필수품으로 바뀐 거지요. 누군가는 의외의 수확을 얻은 겁니다. 자, 어떤가요? 때로는 우리가 경험 때문에 더 유리한 조건을 잃을 수 있다는 생각이 들지 않나요? 우리의 인식 활동은 사실 그렇게 순수하지 않습니다. 우리가 사물을 접할 때 우리의 의식은 이미 인식하고 있습니다. 이 인식은 순수한 태도에서 출발하는 것이 아니라 과거의 경험에서 온 것이거든요."

이번에는 노신사가 말했다.

"사실 그렇긴 하지만 피할 수 없지 않나요? 만약 경험이 쓸모없다면 삶은 또 무슨 의미가 있겠어요? 경험을 쌓지 않는 삶을 사는 것이 과연 더 편하다고 할 수 있을까요?"

후설은 잠시 생각을 정리하더니 곧 입을 열었다.

"지금까지 쌓아온 경험을 바탕으로 사물을 바라보는 방식을 버리고 싶지만, 그건 아주 어려운 일입니다. 하지만 자기가 인지한 것에 편파성을 가질 수 있다는 것을 알면서도 수정하거나 바꾸지 않는다면 그것은 결국 자신을 속이는 게 아닐까요? 제가 드리고 싶은 말씀은 이겁니다. 우리는 완전히 새로운 방법이 필요합니다. 이 방법은 즉 우리가 인지하는 오류를 용감하게 인식하고 인지 구조 등을 완벽히 파악하는 겁니다. 그리고 이후에 인지 활동에서의 주도적인 역할은 우리가 하는 거지요. 지금 제 손에 든 부채에서 어느 부분이 찢어졌는지 알지만 그에 구애받지 않고 사용한다면, 이 부채는 그대로 완벽한 부채인 겁니다. 여전히 최대 효과를 발휘할 수도 있고요. 반대로, 완벽한 부채를 가졌어도 혹시나 있을 단점이나 약점을 전혀 모르고 있다면 어떨까요? 저는 예측할 수 없는 상황에 노출될 겁니다. 이는 언제든지 효과를 잃을 수 있는 부채를 들고 있는 것과 같습니다. 아이러니하게도 후자의 완벽한 부채는 전자의 찢어진 부채보다 기능을 잘 발휘할 수 없습니다."

후설은 이 말을 하면서 청중들을 둘러보았다. 대부분 그의 강의를 소화하기 어려워하는 것처럼 보였다.

"아, 좀 어려우신가요? 다시 한 번 정리하겠습니다. 사실 우리는 수많은 일을 볼 수 없습니다. 아니, 보고도 못 본 체할 때도 있지요. 때로는 현상이 사물 자체에 있고 사물이 우리에게 그 현상을 보여주기도 합니다. 그러나 현상은 배후에 숨어 있기 때문에 수많은 사람은 그것을 잘 볼 수 없지요. 현상을 통해 본질을 찾으려면 현상에서 비본질적인 것들을 분리해내야 합니다.

비본질적인 것이란 현상에 대한 과거의 경험, 의식 등을 말합니다. 결론적으로 사실 자체로 돌아가야 합니다. 사실의 왜곡 여부와 상관없이 존재하는 현상이 있습니다. 그것이 본질입니다. 그럼 인식은 자연스럽게 이해가 됩니다."

후설, 사람의 의식에 대해 말하다

"제가 쓴 책 중에 『논리학 연구』를 보면 '지향성'에 관한 문제가 나옵니다. 현상학에서 빠질 수 없는 개념이지요. 예부터 들어볼까요? 여러분이 한 사원에 찾아갔다고 가정해봅시다. 사원 벽에 아랍문자로 경문이 새겨져 있었는데, 이때 여러분은 그것이 어떤 문장 같은 거라고 깨닫지 못하고 장식 쯤으로 생각해버렸습니다. 그런데 나중에 그것이 틀렸다는 것을 증명하고 그 부호가 사실 언어 문자의 기호라는 것을 인식했습니다. 전후의 차이가 뭘까요? 그 차이는 우리의 지향적 행위가 다르다는 데에 있습니다. 일정한 정보를 통해 무언가를 판단하고, 그 판단이 올바른지 확인하는 과정은 적극적인 인식 활동입니다. 이 과정에서 형성된 의식과 대상 사이의 관계는 지향성을 띕니다. 모든 의식은 무엇에 관한 의식입니다. 지향성은 의식의 특징이고, 의미를 부여한 행위를 통해 대상은 지각에 의해 표상表象하는 의미를 지니게 됩니다. 무엇을 말하거나 썼을 때 그와 동시에, 의미 위에 물질의 표상을 더합니다. 우리가 그것을 읽거나 봤을 때도 마찬가지로 의미를 의식에서 재현합니다. 인간의 지향적 행위에서 벗어나서는 어떠한 기호도 의미의 의식 표상이나 언어가 될 수 없습니다. 그래서 지향적 행위는 인식이 다른 결과를 초래하고 그 인식 범위는 무한대입니다."

후설은 탁상 위에 놓인 물컵을 들어 한 모금 천천히 마셨다.

"우리가 어떤 의미를 표현할 때 우리의 의식 활동은 반드시 어느 대상을 기초로 합니다. 그 대상은 실제 대상이나 관념, 또는 상상의 대상이 될 수 있습니다. 이렇게 하면 우리의 인식 활동은 객관적인 범위에 국한되지 않을 뿐만 아니라 무한한 의식 세계를 초월합니다. 그래서 지향하는 대상은 의식 밖에 있는 객관적 존재도, 주체에 내재하는 주관적 존재도 아니라고 생각합니다. 그 근거로 첫째, 사물의 동일성입니다. 우리는 다른 심리적 활동에서 같은 대상을 가리킬 수 있습니다. 예를 들면, '항일抗日 전쟁의 승리자'와 '해방 전쟁의 승리자'는 다른 의미와 활동이 있지만 표현하는 대상은 같습니다. 대상의 동일성은 활동의 동일성에 의존할 수 없습니다. 제가 지향하는 대상이 진짜 의식 활동에 내재되었다면, 저는 같은 대상을 한 번밖에 경험할 수 없습니다. 아마 매번 새롭게 느낄 겁니다. 같은 이치로, 다른 주체들이 같은 대상을 경험하는 것은 불가능합니다. 지향하는 대상의 동일성은 지향하는 대상이 의식의 지각 활동에 의존하지 않는다는 걸 의미합니다."

사람들의 반응을 살피며 후설은 계속해서 강의했다.

"둘째, 우리가 지향하는 대상에 대한 느낌에는 항상 주관이 있습니다. 삼각형을 보고 등변을 신경 썼다면 저는 그것을 등변 삼각형이라고 생각할 겁니다. 그러나 제가 등각을 생각했다면 등각 삼각형이라고 할 겁니다. 고로 난일 현상이 없다면 전체 대상을 파악할 수 있습니다. 대상도 항상 개별 의미로 한정되지 않을 겁니다. 그것은 의미를 초월하거나 대상이 내재적 마음을 초월한 겁니다. 대상은 다른 마음이나, 표현하는 의미의 통일체와 관련 있습니다. 다시 말해 우리의 감지는 항상 주관과 규정성이 있습니다. 대상의 모든 측면을 감지할 수 없다는 건 지향하는 대상이 불완전한 감각 경험에 의존하지 않는다는 걸 의미합니다. 따라서 완전한 지향적 대상은 감각 경험을 초월합니다. 지향하는 대상은 의식 밖에 있는 객관적 존재나 주체에 내재된 주관적 존재가 아닙니다. 지향하는 대상은 주관적 감각 경험에 의존하지 않고 존재합니다."

마음에 따라 달라지는 '현상'

"교실이 너무 조용한데 좋은 일인가요? 결국 제 수업 내용이 이해하기 어려워서 발표하거나 질문할 수가 없어서겠지요? 유감이지만 현상학은 확실히 복잡한 사유 방식이긴 합니다. 생활로 받아들이려고 하면 더 혼란스러울 겁니다. 그러나 틀을 깬다면 어느 정도 받아들일 수 있을 거예요. 그럼 이제 좀 더 쉬운 주제로 넘어가 볼까요? 과거 수많은 철학자들은 마음과 물질을 대립하고, 이론과 개념으로 세계를 이해했습니다. 그런데 이런 방식은 극단의 선험주의와 절대주의를 초래합니다. 저는 여러분이 생활에서 세계를 마주하길 바랍니다. 이 세계에는 개념으로 이해하기 어려운 것들이 너무나도 많습니다. 그것들은 우리 마음의 영향을 받습니다."

후설은 갑자기 눈빛을 반짝이며 입을 뗐다.

"예를 들면 좀 쉽겠네요. 자, 당신은 영화 티켓을 샀습니다. 친구와 같이 보려고 했는데, 가는 길에 그만 티켓을 잃어버렸습니다. 그래서 당신은 그냥 영화를 보지 않기로 합니다. 영화를 볼 기분도 아니고요. 다시 표를 사는 건 돈을 두 배로 내고 영화를 보는 것만 같은 기분이 드니까요. 이번에는 다른 예를 들어볼까요? 티켓을 구입하고 영화를 보려고 하기 전에 그만 휴대폰을 잃어버리고 말았습니다. 이때 폰을 잃어버렸다고 해서 영화가 보기 싫어지지 않을 수도 있습니다. 당장 찾을 수 있는 것도 아니고 당신의 기분은 아까 상황과는 좀 다르니까요. 휴대폰이 영화 티켓보다 훨씬 비싸고 손실액도 더 크지만 영화를 볼 기분이 영 안 생기는 건 아닙니다. 이것은 자기 이성이나 개념으로 설명할 수 없는 부분입니다. 인식은 이것 아니면 저것이라는 단순 개념이 아닙니다. 생활 속에서 이성에 앞서 세계를 체험하는 건 의식적인 방식이라고 할 수 있습니다. 현상을 이해하고 싶다면 자신의 마음부터 인식해야 합니다. 또한 자아와 가장 유리한 무기를 파악해야 합니다. 순식간에 지나가더라도 모두 적극적으로 이에 대해 인식해야 합니다. 마음이 존재하므로 의식하는 것입니다. 의식되지 않은 외부 대상은 존재할 수 없습니다. 그리고 의식은 필연적으로 지향성과 목적성이 있습니다. 여러분은 이러한 의식의 방식을 무시할 수 없습니다. 그렇지 않으면 아주 크게 잘못된 인식을 하게 됩니다. 따라서 의식의 규율을 파악해야만 현상의 참모습을 인식할 수 있습니다."

후설은 청중들의 동의를 구하는 듯 잠시 침묵했다. 그 누구도 질문하기 위해 쉽사리 손을 들지 못했다.

"자, 오늘 수업은 여기까지입니다. 저 혼자 신 나게 수업하다 보니 어느새 약속된 시간을 훌쩍 넘겨버렸군요. 경청해주셔서 감사합니다."

말이 끝나자마자 후설은 빠른 속도로 걸어 나갔다.

연아는 교실을 한번 쓱 훑어보았다. 교실에는 대부분 멍한 눈빛의 사람들이 남아 있었다. 오늘은 그동안 했던 철학 수업 중에서도 어렵기로는 단연 일등이었다. 보아하니 정확히 이해하는 사람은 거의 없는 듯했다. 평소 이해력이 빠르기로 소문난 민수도 미동조차 하지 않은 채 그 자리에서 깊은 사색에 빠져 있었다. 사실 민수는 아직 '지향성'의 문제에서부터 헤어나지 못하고 있었다.

베르그송 선생님,
사람들은 왜 웃고 싶어 할까요?

▶▶ 베르그송이 대답해주는 '웃음' 이야기

여러분은 어떨 때 주로 웃나요?
웃고 나면 기분이 어떤가요?

 전 상황이 멋쩍을 때 웃어요. 어색하면 웃음으로 분위기 전환을 하는 거죠.

 코드가 맞는 사람과 대화할 때 자연스레 웃게 되는 것 같아요. 유쾌하니까요.

 전 잘 안 웃는 것 같아요. 웃는다는 건 마음이 편할 때나 나오는 것 아닌가요?

▶▶ 생각해보기 ◀◀

우리는 심리적으로 어떨 때 박장대소하며 웃고,
또 어떨 때 억지로 웃을까?

오늘 연아는 왠지 기분이 좋다. 걷다가도 자기도 모르게 웃음이 났다. 연아 스스로도 왜 자꾸 웃는지 알 수 없었다. 오늘 선생님께 칭찬을 들어서인가? 사실 그렇게까지 연아의 기분을 좌우할 만한 일은 아니었다. 그럼, 버스 안에서 코를 골던 그 남학생 때문인가? 아, 그 일이라면 웃음이 날 만도 했다. 하지만 연아의 성격상 그런 일로 평소와 달리 하루 종일 웃을 리 없었다. 근데 왜 이리도 웃음이 나는 걸까? 연아는 갑자기 자신이 바보가 된 것만 같다고 생각했다. 오늘 아침, 인터넷에서 본 글귀가 문득 떠올랐다.

'일반적인 상황에서도 잘 웃는 사람은 아이큐가 낮다고 합니다. 혹시 떠오르는 사람이 있나요?'

잘 웃으면 아이큐가 낮은 거라고? 좀 어이없다고 생각하다가 연아는 잠시 누가 있을까 고민하며 머리를 굴렸다. 그러다 어릴 적 추억에 잠겼다. 이웃에 개구쟁이 남자아이가 살고 있었고……. 연아가 결국 생각한 주인공은 그 옆집에 살던 언니였다. 연아가 볼 때마다 그 언니는 항상 웃는 얼굴이었다. 아는 사람이든 모르는 사람이든 상관없이 웃고 있었다. 당시 연아는 그 언니에 대해 호기심이 일 수밖에 없었다. 그러다 사람들이 그녀를 '바보'라고 놀리면서부터 그 호기심은 금세 사그라졌다. 오히려 그 언니한테 뭔가 병이 옮아서 바보가 될까봐 슬슬 피해 다녔다. 하지만 어쩔 수 없이 마주치는 상황이 종종 있었는데, 그때마다 연아는 그 언니의 세계가 궁금했다. 그러던 어느 날, 그 언니가 죽었다는 소식을 접했다. 아무런 예고도 없는 갑작스러운 죽음이었다고 했다. 사람들은 그녀가 이제 해탈했을 거라고 입을 모았다. 그러고 보니 '바보처럼 잘 웃는 사람이 일반인보다 아이큐가 낮다'는 말은 적어도 그 언니에게는 해당하는 것 같다. 과연 그럴까? 그렇게 잘 웃던 언니는 정말 아이큐가 낮았던 걸까?

우리는 왜 박장대소를 하는 걸까?

"여러분, 안녕하세요. 베르그송입니다. 많이 들어본 이름인가요? 처음 듣는다고 해도 상관없습니다. 오늘은 절 홍보하는 자리가 아니라 제가 늘 강조하는 '웃음'을 전파하는 자리니까요."

오늘의 철학 선생님이 등장했다. 그는 아무 표정도 없이 진지하게 인사를 했지만, 사람들은 모두 피식피식 웃었다.

"왜 웃나요? 제가 웃긴가요?"

베르그송은 전혀 모르겠다는 듯이 물었다.

"아니요. 정작 선생님은 한 번도 안 웃으시면서 웃음에 대해 강의하신다니까 왠지 아이러니하고 상황이 웃기잖아요."

민수가 웃는 얼굴로 설명했다.

"아, 그런가요? 여러분에게 웃음을 주려고 한 게 아니라 '웃음의 철학'에 대해 이야기하려고 온 거예요. 어쩌면 이 이론이 낯설지도 모르겠군요. 웃음을 연구하는 철학자들이 많지 않거든요. 대부분의 사람들은 웃음에 대해 단순히 '이것 때문에 웃는다, 저것 때문에 웃는다, 즐겁지 않으면 웃지 않는다' 정도로 생각하지 않나요? 만약 웃을 때마다 웃음의 이유를 알고 또 웃음의 철학을 생각한다고 해서 다시는 웃음이 안 날까요? 그건 아무 상관이 없습니다. 제가 말하고자 하는 웃음의 철학은 생활 속에 새로운 깨달음을 더하고자 하는 것일 뿐, 그렇게까지 진지하게 학문으로 받아들이고 연구할 필요는 없습니다."

베르그송의 말을 듣고 연아는 매우 설레었다. 오늘따라 웃음이 이유도 없이 났던지라 빨리 다음 내용이 듣고 싶어졌다.

"웃음이 무엇인지에 대해서부터 정의하겠습니다. 첫 번째, 웃음은 인간의 고유 특성입니다. 아리스토텔레스의 『동물부분론』에도 나와 있습니다. '인간은 유일하게 웃을 수 있는 동물이다. 인간 외에 웃음을 즐기는 동물은 없다!' 생각해보세요. 강아지가 이빨을 드러내고 으르렁거리거나 반갑다고 꼬리치는 건 봤지만, 사람처럼 환하게 웃는 모습은 본 적 없을 거예요. 강아지는 평소 무표정이에요. 입을 벌려 우는 소리를 내거나 혀를 내밀며 간식을 달라고 하는 게 거의 전부입니다. 입꼬리가 올라가는 미소는 만화 캐릭터에게서나 볼 수 있는 장면이지요. 왜 그럴까요? 강아지는 웃음에 대한 감정 반응이 없어서가 아닐까요? 사람도 감정 반응이 없다면 웃음이 없었을 겁니다. 동물은 사람이 느끼는 것과 동등한 즐거움을 전혀 이해할 수 없습니다. 동물은 인간의 감정이 아닌 생존 본능이 있을 뿐이지요. 풍족한 먹이, 부빌 수 있는 따뜻한 공간, 주인의 보살핌 등은 동물이 생존하기 위해 기본적으로 필요한 조건입니다. 따라서 구걸하거나 쟁탈하지 않기 위해서 인간에게 의존해 생존할 수밖에 없습니다. 그것뿐입니다. 인간은 웃으려면 기본적으로 감정이 필요합니다. 가령 우리는 상점에 전시된 다양한 스타일의 모자를 보고 웃지는 않습니다. 모자 자체로 웃을 일은 없으니까요. 하지만 가게 주인이 원숭이를 데려와 모자를 씌우면 어떨까요? 사람들은 쇼윈도 안의 익살스러운 원숭이를 보며 신기해하고 웃을 겁니다. 단순히 모자나 원숭이가 아닌, 모자를 쓴 채 사람 흉내를 내는 원숭이의 동작을 보고서 말입니다."

이전 수업과는 달리 한결 가벼운 주제에 모두 표정이 편안해 보였다. 베르그송은 계속해서 강의했다.

"다음으로, 웃음은 항상 집단의 웃음입니다. 웃음에도 집단성이 있습니다. 때로는 어떤 대상에 대한 웃긴 감정이 모든 사람에게 일어나지 않는 경우도 있습니다. 같은 부류가 아니면 다 같이 웃음이 나올 리 없습니다. 즉 같은 감정을 가진 사람끼리 현장에 있으면 웃음이 나는 겁니다. 쉬운 예를 하나 들어볼게요. 가족과 함께 텔레비전을 볼 때가 있지요? 예능 프로그램을 즐겨보는 딸은 액션이 큰 사회자를 보고 무척 재미있어 합니다. 그런데 엄마는 정신 나간 사람 같다며 몹시 싫어합니다. 엄마의 냉소에 딸은 눈치를 보며 크게 웃지 않습니다. 그래도 텔레비전 속 방청객이 웃으면 따라 웃습니다. 집단의 웃음에 대한 욕망이 사그라지진 않았기 때문이지요."

그러자 이때를 놓치지 않고 소미가 질문했다.

"선생님, 세대나 관념상의 공통점이 없으면 같이 웃기 어렵지 않나요?"

"그렇지요. 웃음은 상대방과의 암묵적인 약속입니다. 누구나 한 번쯤 공공장소에서 약속이나 한 듯 다 함께 웃었던 경우가 있을 겁니다. 아무도 웃지 않는데 혼자서 박장대소하는 상황은 거의 없습니다."

좀 더 쉽게 설명해주려는 듯 베르그송이 예를 들었다.

"예컨대 이런 수업 시간에 학생들은 진지하게 선생님의 강의를 듣습니다. 만약 선생님이 설명 중에 재미있는 비유를 들었는데 대부분 웃었다면 그것은 암묵적인 약속과도 같습니다. 모두가 그 속의 웃음 코드를 이해할 수 있는 공통점이 있었다는 거지요. 일종의 암호라고 할 수 있습니다. 물론 웃음을 그칠 때에도 암묵적인 약속이 있습니다. 일반적으로 집단의 웃음은 이러한 암묵적 약속을 인식하든 그렇지 않든 간에 마치 관중이 웃어야 할 때와 멈춰야 할 때를 아는 것처럼 '특수한 사회 관습'으로 해석될 수 있습니다. 여기서의 전제 조건은 반드시 감정적으로 '함께' 반응해야 한다는 겁니다. 더 확장해보면 웃음은 성장 환경, 문화의 영향, 윤리 도덕, 사상 환경 등 인간의 성장 과정에 스며든 감정 반응입니다. 가령 어느 민족이 귀여운 아기 고양이를 신령으로 받드는 것을 목격했을 때 여러분은 참지 못하고 웃을 수도 있습니다. 하지만 이 웃음은 그 민족에게 공감을 얻지 못할 뿐만 아니라 웃음 때문에 오히려 여러분이 곤란해질 수도 있겠지요. 그래서 웃음의 감염에는 '특수한 사회 관습'이 있어야 합니다."

생리적 웃음, 그리고 해학

"웃음은 생리적으로 자연스러운 반응입니다. 감성적인 표현이라고도 할 수 있습니다. 하지만 '해학'은 다릅니다. 해학은 이성적인 웃음에 더 가깝습니다. 그렇다면 해학이란 무엇일까요? 해학은 감성적인 침묵이 생기고 이성적으로 문제를 생각하는 순간입니다. 웃을 수도 있고 웃지 않을 수도 있습니다. 웃음은 해학의 표현 방식 중 하나입니다. 우리는 웃음을 통해 해학을 표현할 수 있습니다. 제가 쓴 『웃음』이라는 책에도 나와 있습니다. '유동적이어야 할 삶이 굳어지고 기계화되었을 때 웃음이 생긴다!' 그렇습니다. 단조로운 언행을 반복하거나 웃음을 억지로 유발하는 것은 아이가 일부러 어른 행동을 흉내 내는 것과 같습니다."

사람들의 반응을 보던 베르그송은 다시 강의를 시작했다.

"우리는 이성으로 행동이 고의가 아니라는 것을 발견합니다. 그때 웃음이 나오는 겁니다. 이성 또한 우리에게 웃음으로 표현할 수 없는 일도 있다는 것을 일깨워줍니다. 자, 다시 예를 들어볼까요? 지하철에서 뚱뚱하고 둔해 보이는 여자가 굽이 높은 구두를 신고 걸어가다가 넘어지는 모습을 봤다고 가정해봅시다. 사람들은 그녀가 심하게 넘어지지 않았을까 걱정하면서 한편으로는 웃을지도 모릅니다. 왜냐하면 넘어질 때의 동작이 진짜 웃겼으니까요. 그 둔해 보인다는 인식은 우리가 이성적으로 생각한 결과입니다. 동시에 우리는 웃으면 안 되는 상황이라는 것도 인지합니다. 예의가 아니라고 생각하는 거지요. 그럼 해학은 어떨까요? 해학은 확실하게 웃음을 유발하지 않을 때도 있습니다. 이것은 반드시 이성적 사유로 사고해야 합니다. 이 점은 찰리 채플린의 무성영화에서 더욱 두드러집니다. 우리는 왜 그의 동작이 해학이라고 생각할까요? 우리는 그의 바보 같은 행동을 보면서 왜 그렇게 표현해야 하는지에 대해 의미를 생각합니다. 그런 멍청한 행동을 확실히 이해할 수 있는 방법은 오직 이성뿐입니다."

베르그송은 좀 더 확신에 찬 어조로 강의를 끌어갔다.

"때로는 웃음에도 사회성이 필요합니다. 만약 여러분이 오늘 신발을 신지 않고 외출했다면 길에서 사람들에게 비웃음을 살 겁니다. 학교나 사무실에 도착하면 친구나 동료들이 웃겠지요. 심지어 선생님이나 상사가 당신을 불러 꾸짖을 수도 있습니다. 이번엔 신발을 신고 전혀 다른 곳에 홀로 갔다고 생각해볼까요? 그곳의 사람들은 신발을 신지 않습니다. 여러분의 눈에 처음 보이는 것도 맨발로 길을 걷는 사람들의 모습입니다. 여러분에게 그 모습은 매우 신기하고 생경하므로 아마도 웃겠지요. 그 순간 주변 모든 사람들의 웃음이 여러분과 다르다는 것을 알게 됩니다. 그들은 오히려 신을 신고 있는 여러분의 모습을 보고 웃은 거지요. 그들은 신발을 신지 않았다고 해서 웃는 일이 없습니다. 자, 신발로 예를 들어봤는데 어떤가요? 전자와 후자는 웃음의 요인이 다르지만 웃음의 대상은 일치합니다. 바로 '여러분'입니다. 이 웃긴 상황에서 벗어나려면 자신을 바꿀 수밖에 없습니다. 스스로가 '웃기지 않는' 집단의 일원이 되어야 합니다."

너무나도 쉬운 예시였다. 여기저기서 고개를 끄덕이며 들었다.

"또 이런 상황이 있습니다. 본인이 웃음의 대상이 되었을 때, 심리적으로 다른 사람도 자기와 같은 처지이길 바라는 거지요. 자신에게 쏠린 우스운 시선을 다른 사람에게 전가하거나 분산시키고 싶어 합니다. 혹은 더 많은 사람들이 자기처럼 우스꽝스럽기를 바랍니다. 그렇게 되면 웃기는 대상은 개인이 아닌 집단이 되니까요. 도덕성에 위배되는 행동에 웃음이 유발될 때가 있습니다. 사람들이 상대의 비도덕적인 행동을 비웃을 때는 사실 그 웃음으로 벌을 주려는 의도도 있거든요. 거기에는 조롱과 남의 불행을 즐기는 심리가 포함됩니다. 그때의 웃음은 단순히 마음에서 나온 감정이 아닌 이성으로 생각한 후의 해학적 웃음일 수 있습니다. 하지만 영원히 남을 보고 웃을 수만은 없다는 점을 명심하세요. 언젠간 우리도 남이 보고 비웃는 대상이 될 수 있으니까요."

베르그송, 혁명적 해학에 대해 말하다

"자, 다음은 해학을 표현하는 방법에 관해 말씀드리겠습니다. 비교적 간단한 문제라 더 쉽게 이해할 수 있을 겁니다. 일단 '표정'의 해학부터 이야기해보지요. 해학적인 표정은 간단히 말해, 보기 싫은 표정입니다. 잘생겼다, 못생겼다가 아니라 정상적인 상황에서 뜬금없이 나오는 부적절한 표정이 해학입니다. 무슨 뜻이냐고요? 덩치 큰 남자가 치마를 입고 화장을 한 채 새침한 여자 표정을 지으면서 무대에 오르면 어떤가요? 사람들은 박장대소합니다. 그의 표정과 분장은 일반적인 남성의 모습과는 완전히 다르니까요. 이처럼 고의적인 변화를 꾀할 때 해학성이 드러납니다."

베르그송은 탁자 위의 물을 한 모금 마시며 다음 말을 이었다.

"그럼, 이번에는 '상황'의 해학에 대해 이야기해보지요. 그 동작은 과장과 관련 있는 기계적 동작으로, 역시 정상적인 상황과 큰 차이가 납니다. 간혹 특정한 장소에서 갑자기 그 장소와 맞지 않는 상황이 연출될 때가 있습니다. 즉 잘 어울리지 않는 상황은 비정상적이고 기계적인 상황으로 볼 수 있습니다. 여러분의 이해를 돕기 위해 다시 한 번 예를 들어볼게요. 교장 선생님이 강단에서 훈시하는 상황이며, 사방이 매우 조용합니다. 그런데 갑자기 강단 아래에서 트림 소리가 꺽 하고 크게 들립니다. 엄숙한 분위기와 맞지 않은 소리가 강단의 정적을 깹니다. 그다음은 상상이 되지요? 조용히 듣고 있던 학생들은 웃음을 참지 못하고 쿡 터트립니다. 여기에 또 누군가의 방귀 소리가 나면 더 난리가 나겠지요. 트림 소리와 방귀 소리가 지금 분위기와 맞지 않다는 것을 이성적으로 잘 알고 있습니다. 사람들이 웃는 이유는 교장 선생님의 훈시가 아닌 우스꽝스러운 상황들 때문입니다. 여기에다 교장 선생님이 훈시 도중 갑자기 요란스러운 재채기를 해버리면 좌중은 더욱 깜짝 놀라 웃음을 터뜨리겠지요. 이 모두가 갑작스럽게 일어난 해학적인 상황 때문인 겁니다."

유머와 농담의 차이

웃는 건지 우는 건지, 도무지 알 수 없는 표정을 짓는 베르그송의 강의가 계속해서 이어졌다.

"자, 이제 마지막으로 '언어'의 해학에 대해 말씀드리지요. 이 부분은 더 쉽게 이해할 수 있습니다. 우리는 한 사람을 유머러스하게 묘사할 때 일반적으로 해학적인 언어를 떠올립니다. 언어의 해학성은 웃음을 유발하는 효과가 좀 더 뚜렷하게 나타납니다. 센스 있는 언어를 만들어야 할 때도 있지만, 그렇지 않은 경우도 있습니다. 예술과 농담의 가장 큰 차이점이 뭘까요? 예술에서의 웃음은 더 많은 찬사와 인정을 받는 의미가 있지만, 일반적인 농담은 부정과 비판일 수도 있다는 점입니다. 주변에서 흔히 접하는 에 피소드를 생각해본다면 무슨 뜻인지 이해가 갈 겁니다. 웃음이란 사실 여 러분이 생각하는 것처럼 그리 간단하지 않습니다. 우리는 상대방의 잘못이 나 실수를 막을 수 없습니다. 그저 웃음으로 대응할 뿐입니다. 어쩌면 마음 대로 발산할 수 있는 유일한 감정이 웃음일지도 모르겠군요."

이 말을 끝낸 후 베르그송은 크게 웃었다. 그렇게 환하게 웃는 모습은 수 업 이후 처음이었다. 사람들은 그가 왜 갑자기 웃는지 알 수 없었다. 수업을 듣는 집단이 베르그송과 공감하지 못해서인지, 단순히 그를 이해하지 못해 서인지 알 수가 없었다.

수업이 모두 끝나자 연아는 머리가 복잡해졌다. 지난 어린 시절에 만났 던 바보 언니를 만날 수만 있다면 왜 그때 그렇게 웃었는지, 그 웃음 뒤에는 대체 어떤 세계가 있었던 건지 찾아서 묻고 싶어졌다.

키르케고르 선생님,
죽고 싶을 만큼 우울할 땐 어떡하죠?

▶▶ 키르케고르가 대답해주는 '절망' 이야기

자아는 언제나 고통과
절망 속에서 존재합니다.
여기에 대해 어떻게 생각하나요?

 그건 너무 비극적이에요. 그래도 평소 절망에 빠지지 않도록
노력해야 하잖아요.

 한번 절망에 빠지면, 자신을 돌보지 못할 만큼 힘들 때가 있어요.
그럴 땐 어떻게 해야 하나요?

─── ▶▶ 생각해보기 ◀◀ ───

사람은 왜 때때로 절망하고, 또 홀로
절망의 그늘에서 빠져나오기 어려워하는 걸까?

오늘 하루는 평범하면서도 평범하지 않은 듯한 날이었다. 수업은 거의 막바지에 다다르고 있었다. 철학 교실에 조금 일찍 도착한 연아는 주위를 둘러보았다. 아직은 듬성듬성 덜 채워진 자리가 보였다.

10분쯤 지나자 학생들이 약속이나 한 듯 하나둘씩 교실로 들어섰다. 친구끼리 잡담하거나 소란 피우는 사람은 처음 때와 달리 거의 사라졌다. 이제는 그저 책장을 넘기는 소리와 가끔 노트북 자판에 손끝이 스치는 소리 정도만 들릴 뿐이었다. 그들의 표정에서 슬픔이나 기쁨, 그 어떤 감정도 읽을 수 없었다.

연아는 수업 전, 조용한 느낌이 너무나도 좋았다.

'이름 없는 책'

뚜벅뚜벅. 발소리가 교실 가까이 들려오자 학생들은 일제히 고개를 들어 앞문을 쳐다봤다. 그곳에는 한 젊은 남성이 우뚝 서 있었다. 아주 젊다기보다는 이전의 철학자들에 비해 다소 어려 보이는 정도였다. 기껏해야 40대 초반으로 보이는 무척 핸섬한 외모까지는 좋았는데, 걸을 때 절룩거리는 다리와 약간 굽은 등은 좀 안쓰러웠다. 게다가 지팡이 대신으로 쓰는 듯한 긴 우산을 손에 의지한 채였다. 비도 내리지 않는 날에 어딘가 이상했다.

"그를 생각하면 언제나 이런 장면이 떠올라요."

괴짜 선생님은 교실로 들어오자마자 대뜸 책을 읽기 시작했다. 철학자는 자신을 소개하지 않은 채 감상에 빠졌다.

"북유럽의 추운 어느 늦은 밤, 한 남자가 낡은 바바리코트를 걸치고 오래된 우산을 손에 쥔 채 안개가 자욱한 거리를 걷고 있습니다. 안개 속에서 등이 오르락내리락 보일 듯 말 듯 아련히 걸어가는 뒷모습을 보니 깊은 우울감이 묻어납니다. 왜 그런 모습이 떠오르느냐고요? 우울은 그가 평생에 떨쳐내지 못한 숙명이니까요. 그는 절망과 우울에 대해 연구했던 사람인데, 이는 내면에 깊은 감정이 충돌해야만 이해할 수 있는 것들입니다. 이런 소중한 경험은 그가 태어나기 전부터 이미 주입된 것일지도 모릅니다. 그의 아버지도 평생 우울한 삶을 살았거든요. 젊었을 때 큰 방황을 했던 아버지는 그 고독을 견디지 못했고, 신에게 저주를 퍼부었습니다. 훗날 아내와 다섯 아이가 모두 죽자 그는 신이 벌을 내린 것이라 생각하며 자신도 지옥에 떨어질 거라고 낙담했습니다. 그때부터 스스로 만든 우울의 그늘이 항상 그 곁을 맴돌았습니다. 이후 그 아버지는 재혼을 했고 아이가 태어났습니다. 어릴 적에 이런 아버지의 영향을 받았기에 그 아이 역시 쉽게 우울함에서 벗어나질 못했습니다. 아버지가 죽자 그도 아버지와 같은 운명을 짊어졌습니다. 자신 때문에 아버지마저 죽었다며 비관적인 세계관을 형성하기 시작했습니다. 그러다가 다행히 그는 사랑하는 여인을 만났고 그녀의 마음을 얻는 데 성공했습니다. 두 사람은 서로 의지하며 평생을 함께할 것을 약속했습니다. 그는 마음속에 자리 잡은 원죄 의식과 앞으로 지옥에 떨어질 것이라는 비관적인 생각을 미래의 아내가 될 그녀에게 털어놓았습니다. 그러나 약혼녀는 그의 생각을 받아들이지 못했습니다. 결국 그는 고통스럽지만 그녀의 손을 놓아주기로 했습니다. 자기 내면의 고통을 순박하고 착한 여인에게 떠넘겨서는 안 된다는 생각으로 파혼을 결심한 겁니다. 이때부터 그는 홀로 고독과 우울함을 견디며 비극적인 세상을 연구하기 시작했습니다. 그리고 마침내 세상 사람들에게 큰 영향을 끼치는 실존주의를 창시하게 되었습니다."

결과야 어찌 됐든 과정은 매우 기구하고도 슬픈 이야기였다. 책표지에 제목은 없지만 왠지 재미있을 것 같았다.

"눈치 채셨겠지만 방금 읽은 이야기 속의 '그'는 바로 접니다. 누군가 이렇게 저의 이야기를 기록할 거라곤 생각지 못했는데 거의 정확하게 잘 썼네요. 안녕하세요, 저는 쇠렌 키르케고르라고 합니다. 덴마크 사람이고 철학과 심리학을 연구한 시인이기도 합니다. 제가 직접 쓴 책을 읽어본 사람은 아마 거의 없을 거예요. 모두 덴마크어로 썼거든요."

수업 전 조용하던 교실이 약간의 웅성거림으로 바뀌었다.

"괜찮습니다. 저는 아시다시피 매우 우울한 사람입니다. 언제나 자기만의 세계에서 고독과 적막을 견디며 살아왔지요. 살면서 많은 경험을 했고 다양한 사람을 만났지만 곧 고통과 실망을 느꼈어요. 이런 과정들이 계속해서 저를 우울하게 만들었고 결과적으로는 제가 돌파구를 찾도록 이끌어 주었어요. 그렇지 않았다면 제 내면에 존재하는 생각을 받아들일 수 없었을 거예요. 제 생각은 다른 사람들과 많이 달랐거든요."

교단에 선 남자의 이야기에 사람들은 그에 대해 점점 호기심과 의문을 가지기 시작했다.

언제나 존재하는 고통과 절망

"먼저 여러분의 대답을 듣고 싶어요. 여러분은 인간과 동물의 차이가 무엇이라고 생각하나요?"

키르케고르가 물었다.

"인간은 생각할 줄 알아요."

"인간은 선택과 번뇌에 빠지기도 해요."

"인간은 희로애락을 느껴요. 그런데 저희 집에서 키우는 강아지도 보면 화를 내거나 즐거워할 줄 아는 것 같아요. 좀 헷갈리네요."

"인간은 이성이 있는 동물이잖아요."

사람들은 자신의 의견을 우후죽순으로 이야기했다. 더 이상 의견이 안 나올 때까지 기다리던 키르케고르가 다시 입을 뗐다.

"사회생활을 하는 인간이라면 동물과 분명 다르다고 생각합니다. 직립 보행하는 고깃덩어리가 아니라 더 복잡한 본질을 갖춘 존재라고 보는 거지요. 자아는 다양한 정신적·동물적 관계를 통해 다른 대상과 연결되어 있으며 인간의 본질은 바로 여기에 있습니다. 이것은 복잡한 관계의 종합입니다. 자아와의 연결은 완전무결하지 않기 때문에 고통과 절망이 생겨납니다. 이것이야말로 동물이 가지지 못한 점입니다. 동물의 세계에는 절망이란 것이 존재하지 않습니다. 인간들의 세계처럼 복잡하게 연결되어 있지 않기 때문입니다. 너무 추상적으로 들릴 것 같으니, 지금부터 두 가지 예를 들어 저의 논점을 설명해보겠습니다."

서너 발자국 천천히 걸으며 키르케고르가 말했다.

"가난한 집에서 태어난 아이가 백혈병에 걸렸다고 생각해보세요. 병을 치료하려면 병원이나 의사와 서로 연결되어 있어야 하지만, 돈이 없는 집에서 태어난 아이에게는 결코 쉬운 일이 아닙니다. 아이의 가족은 고통과 절망 속에 빠지게 되겠지요. 극단적인가요? 이번엔 다른 예를 또 들어보겠습니다. 온정이 많은 젊은이가 길에서 쓰러져 있는 할머니를 부축해 가까운 병원으로 모셨습니다. 그런데 할머니가 그만 양심을 속이고 그 젊은이가 자신을 밀어서 넘어뜨렸다며 법원에 고소했습니다. 법원은 정황상 할머니의 손을 들어주었고 젊은이에게 병원비를 배상하라고 판결했습니다. 좋은 사람과 좋은 일은 칭찬과 보답으로 서로 연결되어야 하는데 오히려 처벌로 연결되고만 거지요. 이는 매우 잘못되었고 조화롭지 못한 겁니다. 그 후 젊은이는 어떻게 되었을까요? 아마도 뒤바뀐 상황에 후회하며 절망과 고통을 느끼게 되었겠지요. 사실 나와는 먼 이야기 같겠지만 일상생활에서 자주 일어나는 일들입니다. 현실 사회는 결핍으로 가득 차 있고 다양한 관계가 조화롭지 않기 때문에 자아는 종합적으로 불균형하며 완전하지 못합니다. 여러분이 자유를 상상하면 시시각각 속박당할 것이며, 오래 살기를 바라면 목숨이 짧다는 사실에서 벗어나지 못할 것입니다. 제가 말하고 싶은 결론은 언제나 자아는 고통과 절망 속에 존재한다는 사실입니다."

키르케고르, 죽음에 이르는 절망을 말하다

"그럼 절망에 대해 좀 더 자세히 이야기해보겠습니다. 절망에는 세 종류가 있습니다. 첫 번째는 '무의식의 절망'으로, 자신이 절망 상태에 처한지를 모르는 형태입니다. 두 번째는 절망 속에 빠져 자기 자신을 원하지 않게 되는 절망으로, 저는 이를 '여성형 절망'이라 부릅니다. 세 번째는 절망 속에서도 자신을 증명하고자 하는 절망으로, '남성형 절망'이라 부릅니다. 얼핏 듣기에는 어렵고 이해가 잘되지 않겠지만 제 이야기를 들어보면 알게 될 겁니다. 먼저, 자신이 절망에 처한 줄 모르는 무의식의 절망부터 살펴보지요. 많은 사람들이 절망이란 자신과 관계없는 아주 먼 것으로 여기며, 심지어 노력만 하면 원하는 것을 얻을 수 있다고 생각합니다. 그런데 그건 절망을 자각하지 못해서입니다."

키르케고르는 잠시 숨을 고른 후 다시 강의했다.

"어떤 이들은 자신의 삶이 아름답고 행복하다고 생각하지만 사실 그들의 행복은 자부심으로 만들어진 것이에요. 그 안에는 허영심과 남을 비교하는 마음, 때론 과도한 자존심이 함께 섞여 있습니다. 누군가 그들에게 비현실적인 행복 속에 살고 있다고 말한다면 매우 화낼 게 분명합니다. 자신의 절망 상태를 정확히 의식하지 못하며 그저 천진난만하게 살아가는 거지요. 그럼 이들이 절망하게 된다면 어떻게 될까요? 곧 자살할까요? 아닙니다. 이런 부류의 사람들에게 절망은 반격이자 보복입니다. 이들은 극단적인 절망, 즉 '악마의 절망'을 짊어지는데도 절망이 자신으로부터 시작된 것임을 잘 알지 못합니다. 이들은 범죄자와 같은 행태를 보입니다. 아이를 죽이고 노인을 학대하며 미성년자를 강간하는 등 잔인한 행동으로 내면의 절망을 표출합니다. 황금 울타리 안의 애완동물처럼 아무것도 모른다는 얼굴로 순박하게 살며 인생의 즐거움을 누리든, 지옥 같은 곳에서 저항하고 발악하며 삶을 속박당한 채 살아가든 모두 같은 곳에서 삶을 살아갑니다. 그들은 진정한 자신을 잘 인식하지 못합니다. 자신이 절망 속에 산다는 것을 알지 못합니다."

수업은 다소 침체된 분위기에서 진행되고 있었다.

"절망이란 관념은 분명 긍정적인 것이 아닙니다. 때로는 목숨을 빼앗아가기도 하지요. 스스로 목숨을 끊고자 하는 사람에게 절망이란 관념이 생기면 자살의 동기가 더 강력해져요. 이는 매우 두려운 일입니다. 하지만 자신을 잘 인식하지 못하는 사람의 절망과 비교하면 '약한 절망'이라고 할 수 있습니다. 그들은 원하는 것을 해주고 요구를 들어주기만 하면 스스로 행복하다고 여길 것입니다. 반대로 원하는 것을 얻지 못하면, 운이 없다고 생각하며 스스로 불행이란 관념을 만들어버립니다. 이러한 절망은 외부 요인으로부터 시작되며 그 외부의 변화에 큰 영향을 받습니다. 절망과 행복도 상황의 희비에 따라 흔들리며 반복적으로 엎치락뒤치락합니다. 그들은 계속 행복을 잡으려 애쓰며, 불행 뒤에 찾아올 행복에 희망을 겁니다. 하지만 실제로 행복을 갈망하는 삶은 진정으로 그들의 것이 되어본 적이 없으며, 진정으로 스스로를 인식하지도 않습니다."

키르케고르는 단호한 표정으로 말했다.

"저는 이런 사람들을 많이 만나봤습니다. 아마 여러분도 살면서 본 적이 있을 겁니다. 그들은 자신의 주장이 없으며 수동적으로 물질을 좇습니다.

그들은 결국 그것에 가치가 없다는 사실을 알지만, 세속적인 시선에 순종하며 자신의 욕망과 조건을 끊임없이 바꿔치기합니다. 그들의 절망은 나약함 때문에 나타나며, 이것이 바로 인간의 취약점입니다. 자신이 절망에 빠져 있는 것을 모르는 사람은 우둔하며, 구제할 수 없습니다. 그들은 영원히 절망에서 벗어나지 못할 것입니다!"

이때 가만히 듣고 있던 민수가 말했다.

"듣고 보니 좀 무섭네요. 그 절망을 진정 의식하게 된다면 많은 사람들이 절망 속에 빠져서 쉽게 즐거움을 얻지 못할 것만 같아요."

키르케고르는 민수의 말을 듣고 잠시 침묵하다가 곧 말을 이었다.

"자, 다음으로 두 번째 '여성형 절망'에 대해 이야기해볼게요. 이는 앞서 단기적인 욕망을 목적으로 하는 절망과 달리, 영원성을 목적으로 합니다. 즉 영원한 것에 대한 기대와 희망이 생겨납니다. 이 영원한 것에 대한 기대를 잃어버리면 절망에 빠지게 됩니다. 혹자가 영원성을 바라는 마음과 상상의 공간을 잃어버리고도 절망하지 않을 수 있다고 한다면, 그건 계속 기대할 수 없다는 사실을 정확히 알고 있다는 뜻입니다. 이는 단기적으로 기대를 품는 것보다 더 큰 실망을 안겨줍니다. 어떤 사람들은 영구적인 기대에 반해 인생은 순간적이기 때문에 자아와 기대가 서로 부합할 수 없어 절망에 빠지게 된다고 말합니다."

알 수 없는 얼굴로 키르케고르는 강의를 이어갔다.

"이것은 사랑과도 같습니다. 사랑에 빠지면 행복한 순간이 영원할 것 같고 두 사람의 뜨거운 감정이 영원히 변치 않을 거라 기대하지요. 하지만 우리는 스스로 영원할 수 없음을 알고 있기 때문에, 다른 사람도 변함없이 영원할 거란 기대를 하지 않습니다. 따라서 실연한 사람은 상대방을 혐오하는 동시에 자기 자신도 미워하게 되며, 그것에 대해 사과하기보다는 오히려 상대방을 증오하게 됩니다. 인간은 이런 절망 속에서 자신을 잃어버릴 뿐만 아니라, 이후에 실연으로 인해 무엇이 변했고 무엇을 잃었는지 똑똑히 알게 됩니다. 그동안 상상하고 기대했던 영원한 행복을 잃어버렸다는 사실도 포함해서 말이지요. 이때 절망한 사람이 싸우는 대상은 곧 자신입니다. 그런데 절망이 깊어질수록 자신을 직면하기란 더 어려우며, 그 절망스러운 인생을 받아들이지 못합니다. 이들은 스스로 마음의 문을 닫고 절망을 억누르는 방식으로 고독에 빠집니다. 더 깊이 밑바탕을 살펴보면, 이들은 자신의 절망을 인식하고 절망 속에서 자신을 상실한 채 타락합니다. 저는 이것을 자신을 원하지 않는 절망 상태라고 생각합니다."

이때 소미가 갑자기 끼어들었다.

"선생님, 이제 알겠어요. 그런 절망은 사실 자신에 대한 절망이지, 자신 이외의 욕망에 대한 절망이 아니란 거군요. 결국 매우 위험한 거고요. 절망에서 벗어날 수 없다면 그 결과는 자살로 이어지니까요."

"그래요. 고독을 받아들이는 데에 습관이 된 사람은 매우 완고합니다. 계속 그렇게 닫는 태도를 유지한다면 자살하고 싶은 마음이 생길 수도 있어요. 친구들에게 마음의 문을 열고 고민을 털어놓는다면 절망감이 분명 어느 정도 해소됩니다. 그런데 자신의 비밀을 밝힘으로써 새로운 절망의 씨앗이 생겨나기도 해요. 사람의 마음은 참 복잡하지요? 이런 절망은 일반적으로 여성들에게 잘 나타나기 때문에 '여성형 절망'이라고 부릅니다."

꿈, 가장 지독한 절망 상태

"선생님, 그럼 '남성형 절망'은 무엇인가요?"

이번엔 수연이 질문했다.

"하하, 남성형 절망이라……. 여자들에 비해 남자들은 일을 매우 중요하게 생각해요. 남자들은 보통 자신을 증명하고 싶어 하며, 꿈꾸던 사람이 되어야 한다는 생각을 강압적으로 합니다. 고난과 역경을 견디려는 의지가 여성보다 다소 강하기 때문에 절망 속에서도 자신을 증명하고자 하는 절망, '남성형 절망'이라고 부르지요. 이는 방금 말한 여성형 절망보다도 더욱 완고합니다. '절망 속에서도 꿈을 이루려는 절망'은 가장 지독한 절망이에요. 여기에 빠진 사람들은 자신이 끝없는 고통과 절망에 빠져 있다는 걸 알고 있어요. 스스로 보잘것없고 부족한 사람이라 자책하며, 이상적인 의지와 충동이 현실적인 필연성과 대립하고 조화를 이룰 수 없다고 여깁니다. 그들은 세상의 패러독스와 불합리를 꿰뚫어보고 있습니다. 사랑, 지혜, 청렴 등 긍정적인 가치와 고귀한 인품은 되레 가치가 없다고 생각하며 돈, 명예, 권력 같은 것들이 개인의 성취를 평가하는 유일한 기준이라 생각합니다. 또한 온갖 오해와 충돌에 대해서도 잘 알고 있으며 다음과 같이 말하곤 합니다. '우리가 독립적인 사람이 되고 싶어 하면, 사람들은 매우 냉정하고 건방지다고 해요. 우리가 부자가 되고 싶어 하면, 탐욕스럽고 재물에 눈먼 소인배라고 비난하지요. 우리가 상사의 칭찬을 받고 싶어 하면, 비열한 아첨꾼이라 손가락질해요.' 여러분은 어떤가요?"

키르케고르가 청중의 반응을 살피며 물었다. 쉽사리 답변이 나올 것 같지 않다고 느꼈는지 그는 계속해서 말을 이었다.

"깊은 절망에 빠져 있더라도 그들은 절망 속에 빠진 자신을 포기하지 않고 꿋꿋이 자신을 보호하려고 노력합니다. 그들은 심한 마음의 상처로 매우 고통스럽다 해도 결코 포기할 마음이 없습니다. 세 가지 중에서 최고로 절망스러운 사람이지만, 반대로 구조될 가능성이 가장 높은 사람일 수 있지요."

키르케고르는 목이 타는 듯 잠시 물로 입술을 축였다.

"그들은 절망을 동반한다 해도 계속 앞으로 나아갑니다. 계속된 절망 속에서도 타인의 구원을 바라지 않습니다. 타인의 위로는 자신을 더 의기소침하게 만든다고 생각하며, 이는 자기 초심과 위배되기 때문입니다. 이런 상황일 때 신은 우리를 위로합니다. 우리가 세상에 홀로 살아갈 때 신은 만나면, 존재의 뿌리를 찾고 진정으로 본질적인 자아가 될 수 있습니다. 오롯이 고독한 존재로서 절망에서 벗어날 수 있습니다."

키르케고르는 이름 없는 책과 낡은 우산을 들고서 교실을 홀연히 빠져나갔다. 그가 떠난 자리엔 고독과 적막함이 흘렀다.

포이어바흐 선생님,
세상에 신은 정말 존재하나요?

▶▶ 포이어바흐가 대답해주는 '소외' 이야기

신은 어떻게
만들어졌을까요?

 신은 만들어진 것이 아니라 원래 살아 있는 존재 아닌가요?

 저는 다르게 생각합니다. 신은 인간이 만들어낸 거예요. 어려
울 때 의지할 존재로 상상해낸 거죠.

 신의 존재가 단순히 위로가 아니라 소외에서 온 것이라면 어떤가요?

 좀 어렵네요…….

▶▶ 생각해보기 ◀◀

절망에 빠진 사람들이 찾는 종교와 신,
그런데 그 신에게서 오히려 소외가 시작됐다면?

어느새 마지막 수업 날이 되었다. 교실로 속속 들어오던 사람들은 칠판에 '오늘 이후 철학 수업은 없습니다'라는 안내문을 보면서 지나갔다. 그리 오래한 것 같지도 않은데 벌써 끝이라는 말에 아쉬움과 실망이 교차된 표정으로 다들 자리에 앉았다. 연아는 사람들의 웅성거림에도 크게 개의치 않았다. 마음은 복잡했지만 담담하게 받아들였다. 오히려 누군가 오다가 중국 당나라 때의 최고 시인인 두보와 똑같이 생긴 사람을 봤다는 말에 기대감으로 부풀어 있었다. 정말 두보가 온 것인지는 알 수 없지만 그간 수업하러 온 철학자들을 떠올려보니 믿지 않을 수 없었다. 그리고 교실에 들어선 선생님을 보는 순간, 두보가 진짜 맞을지도 모른다는 생각에 눈을 계속 비벼댔다. 여기까지 생각하다가 연아는 웃음을 터뜨렸다.

'하하, 두보든 아니든 무슨 상관이야. 수업이나 재미있게 듣자.'

종교는 왜 비판받을까?

"원래 주제를 제한하지 않고 여러분과 자유롭게 수다를 떨고 싶었습니다. 무엇이든 상관없이 함께 이야기하고 토론하고 논쟁하는 것은 분명 좋은 경험이 될 거라고 생각했거든요. 그래서 고민 끝에 오늘의 주제를 '소외'로 잡았습니다. 여러분이 잘 알고 있는 마르크스도 소외를 가지고 이야기를 한 적이 있지요. 같은 주제로 인해 오늘의 강의가 여러분에게 혼란을 주지 않길 바랍니다. 아차, 중요한 걸 빠트렸네요. 제 소개를 하겠습니다. 저는 포이어바흐라고 합니다. 마르크스의 저서『포이어바흐에 관한 테제』에 나오는 철학자가 바로 접니다. 마르크스는 책에서 저를 칭찬이나 찬양 없이 비판만 했지만 그래도 기분이 좋더군요. 그런 대표적인 철학자에게 비판받을 수 있는 기회도 사실 흔치는 않거든요."

포이어바흐는 빙긋 웃으며 소개를 마쳤다.

"먼저 종교에 대해 이야기해볼까요? 저의 철학을 이야기하려면 종교를 빼고 이야기할 수는 없거든요."

청중들을 쓱 훑어보고는 이윽고 강의를 시작했다.

"서양에서 종교는 유구한 역사를 가지고 있습니다. 당시 종교의 지위와 역할과 힘은 여러분의 상상력을 훨씬 뛰어넘는, 생명의 일부라고 해도 과언이 아니었지요. 그럼 저는 그런 종교에 대해 어떻게 생각하느냐고요? 지금부터 말씀드릴게요. 여러분이 저에 대해 한 번이라도 검색해봤다면 '독일 철학 사상 최초로 자발적·공개적으로 기독교와 철저히 결별한 부르주아 사상가로서 독일 부르주아의 전통 종교를 비판했다'는 문장을 봤을 겁니다. 맞습니다. 저는 기독교를 비판한 사상가입니다. 하지만 신앙심이 없다는 뜻은 아닙니다. 흠, 좀 복잡한 문제네요. 저는 주로 세 가지 측면에서 기독교를 비판했습니다. 첫째, 인간이 신을 창조했으며 신은 인간을 창조하지 않았다고 주장했습니다. 신은 인간이 자기 본성에 따라 상상해낸 겁니다. 사실 신에 대한 숭배는 인간 스스로에 대한 숭배이며, 영웅주의에 대한 숭배입니다. 둘째, 저는 종교가 만들어낸 인식의 근원을 드러냈습니다. 종교가 만들어낸 뿌리에는 인간의 의존성과 이기주의가 깔려 있습니다. 사람들은 죄책감에 시달리고 고통스럽고 불행한 운명에서 벗어나길 원합니다. 신에게 의존해 그 안에서 해탈을 얻고 죄를 씻어내 고통을 줄이려 합니다. 셋째, 종교의 반反사회 작용을 폭로하고, 과학의 걸림돌이라고 지적했습니다. 이는 제가 계속해서 주장하는 부분인데, 종교는 인간의 창의력과 사고를 제약하는 일종의 족쇄일 뿐이라 생각합니다. 어리석게도 맹신하고 의존하다 자기 자신을 잃어버린 경우도 봤습니다. 이는 제가 살던 시대엔 매우 보편적인 현상이었지요. 그래서 저는 적극적으로 기독교를 반대했던 겁니다. 첫 번째 관점은 쉽게 이해할 수 있을 거라고 봅니다. 여러분의 마음에도 신에 대한 이미지가 만들어져 있으니까요. 또는 믿지 않더라도 신에 대해 질문을 받으면 머릿속에서는 이미 신을 그려내니까요."

바로 그때 소미가 재빨리 말했다.

"당연한 것 아닌가요? 하늘에 사는 신과 우리 머릿속에 있는 신은 같은 거잖아요."

그러자 포이어바흐는 질문했다.

"그렇다면 중국 신화에서는 인간이 어디에서 왔다고 하나요?"

소미가 흥분해서 대답했다.

"인간이 어디에서 왔냐고요? 음, 여와女媧가 만들었지요. 여와가 진흙으로 인간을 빚었어요."

"아, 서양의 하느님이 인간을 창조했다는 이야기와 매우 비슷하네요. 앞서 잠깐 말했지만 저는 '신이 인간을 창조했다'는 설은 틀렸다고 생각합니다. 저는 『기독교의 본질』에서, 인간은 생각하는 대상이고 종교는 무한성에 대한 인식으로 귀결될 수 있다고 했습니다. 종교는 무한성에 대한 인식에 불과합니다. 혹자는 무한성에 대한 인식에서 의식을 가진 주체가 자기 본능의 무한성을 인식의 대상으로 보는 것이라 말합니다. 다시 말해 '신'은 인간의 내재된 본성이 외부로 드러난 존재에 불과합니다. 저는 신이 인간이란 존재와 분리된 존재이며, 계시와 기적을 믿게 하여 인류의 중요한 감각을 없애고 결국 그 진리를 추구하게 만든다고 생각합니다. 기독교의 신은 일종의 환상에 불과합니다. 인간이 자신의 본질을 투영해 신을 창조한 것이지요. 인간은 무엇이 진정한 자신인지를 망각한 채 자신을 분열시킵니다."

'신의 탄생'

"'인간이 신을 창조했다'는 이론에 대해 더 이야기해보겠습니다. 먼저 종교가 만들어진 심리적 근원은 인류의 의존성이며, 종교에 대한 인간의 심리적 의존성은 신에 대한 의존이라고 할 수 있습니다. 이런 의존성은 어디에서 오는 걸까요? 바로 자연입니다. 인간이 의존하고 있는 것, 인간이 자각하고 인식한 의존성은 자연계이자 감각기관의 대상입니다. 여러분이 생활하는 현대사회의 자연에 대한 인식과 활용은 자연의 힘을 훨씬 뛰어넘었으며, 자연에 대한 의존성도 크게 떨어졌습니다. 상상해보세요. 원시 사회에서 인간에게 자연은 두려우면서도 숭배하고 의존하면서도 공포심을 느끼는 대상이었습니다. 인류는 자연에 의존해야 했으며, 중요한 순간 찾아올지도 모르는 자연계의 재난을 경계해야 했습니다. 즉 자연에 대한 의존과 종교에 대한 의존은 모두 인류의 두려움에서 출발한 것이지요."

포이어바흐는 청중 쪽으로 발자국을 옮기며 계속 말했다.

"인간은 자연에 두려움을 느끼고 숭배하는 한편, 이제는 자연에 대한 의존에서 벗어나 스스로의 힘으로 자연과 동등해지고 더 나아가 자연을 뛰어넘을 수 있길 원하고 있습니다. 한번 생각해보세요. 무언가 자신에게 재난을 가져올 거라는 사실을 안다면 어떤 방법을 써서든 그 대상이나 상황을 굴복시켜야겠다는 생각을 하지 않을까요? 그렇게 인간은 신격화되었고, 인간의 힘을 자연을 초월하는 신에게 부여했습니다. 신은 인간이 신성화한 것에 불과합니다. 인간은 자연의 힘을 신격화하고 나서 거기서 떨어져 나와 독립적인 정신적 실체가 되었지요. 신의 본질은 인간에 있으며, 신이 가진 전지전능함은 인간의 이성과 의지가 무한으로 확장된 결과입니다. 종교에서 선행만이 구원받을 수 있는 방법이라고 내세우는 것에서 이를 증명할 수 있습니다. 종교는 언제나 착한 일을 해야 고통에서 벗어날 수 있다고 말합니다. 그래야 역경 속에서도 기적적으로 구원받는다고 말이지요. 이런 기적은 사실 인간의 바람이 왜곡되어 나타난 결과이며 소망이 실현된 초자연주의입니다. 즉 종교는 인간의 자연관이자 인간의 자아관이라 할 수 있습니다. 그러나 종교는 융통성 없고 부자연스러운 자연관이자 자아관입니다. 종교는 모순 속에 존재합니다. 자연의 신성은 종교를 기초로 하며, 인간의 신성 역시 종교의 최종 목적지입니다. 인간은 자연을 경외하면서도 자연에 대한 의존에서 벗어나고 싶어 합니다. 종교는 의지와 능력 사이, 희망과 실현 사이, 목적과 결과 사이, 상상과 실제 사이, 사고와 존재 사이의 대립 또는 모순을 전제로 합니다. 전자의 의지, 희망, 목적, 상상 속에서 인간은 제약 없고 자유로우며 뭐든 할 수 있는 존재, 즉 신이 됩니다. 그러나 후자의 능력, 실현, 결과, 실제 속에서는 조건적이고 의존적이며 제한적인 존재, 즉 보통 인간에 불과합니다. 신과 상반되는, 한계가 있는 실체적인 의미로서의 인간 말이지요."

포이어바흐, 소외된 인간에 대해 말하다

이때 수연이 도저히 모르겠다는 얼굴로 질문했다.

"지금까지 종교적인 문제를 철학과 엮어 이야기하셨는데, 처음에 말씀하신 '소외'라는 주제와 대체 어떤 관련이 있는 건가요?"

포이어바흐가 대답하려는 순간 민수가 선수를 치며 말했다.

"아직도 모르겠어? 종교에서 인간이 소외되는 현상을 말씀하시는 거잖아. 선생님, 제 말이 맞죠?"

"하하, 민수 학생이 정확하게 맞혔어요. 기독교는 인류의 모든 본질을 소외시켰어요. 이것이 바로 제가 계속해서 설명했던 문제예요. 그럼 신성에서 소외된 인간의 본질은 도대체 무엇일까요? 이에 대해서는 생물학적인 관점으로 이야기해보겠습니다. 인간의 본질은 인류의 생명을 유지하는 공기, 음식, 수분 등의 물질입니다. 혹자는 인간의 존재와 생명이 바로 인간의 본질이라고 말하기도 합니다. 사실 이것은 인간이 피와 살이 있는 실체적인 존재이며, 허구와 상상으로 만들어진 신과 다르거나 대립하는 존재임을 강조하기 위한 것입니다. 심리학적인 측면에서는, 저는 『기독교의 본질』에서 인간 스스로 인식하는 인간의 본질 또는 인간 내면에 형성된 것, 즉 본래의 인성을 형성하는 것은 이성, 의지, 마음이라고 기술했습니다. 완전한 인간은 사유 능력과 의지력과 정신력을 가지고 있습니다. 사유 능력은 인식의 빛이며, 의지력은 품행의 능력, 그리고 정신력은 사랑입니다. 이성, 사랑, 의지력의 결합이 바로 완전함인 것입니다. 이것은 가장 강한 힘이자 인간의 절대적 본질이며 인간의 생존 목적입니다."

포이어바흐는 탁자 위의 컵에 물을 따르며 말했다.

"여기까지 말했으니 여러분도 잘 생각해보세요. 신은 전지, 전능, 박애를 가지고 있는데 여기서 전지의 지知는 이성, 전능의 능能은 의지, 박애의 박博은 마음이에요. 신의 대표적인 특징 역시 인간이 모두 가지고 있으며, 다만 현실에 존재하는 인간의 이성, 의지, 마음은 유한하다는 차이가 있을 뿐입니다. 인간의 상상력과 가설, 환상을 통해 그런 유한성을 끊임없이 확장시키면 신의 형상이 만들어집니다. 이에 저는 신의 전지, 전능, 박애는 인간의 이성, 의지, 마음에서 온다는 결론을 도출해냈습니다."

소외된 '사랑'

"'이것'이 무엇인지 맞혀보세요. '이것'은 인간과 삶에 보편적으로 존재하지만 현실에서 사람들은 자신의 이익과 욕망에 집착하여 실제 행동으로 옮기지 못합니다. '이것'은 인간의 본질 중 하나입니다. 이것은 뭘까요?"

"신뢰? 우정?"

"이상? 꿈!"

여기저기서 대답이 흘러나왔다.

"아, 좋은 답변들이에요. 정답은 '사랑'이에요. 사랑의 본질은 신에게 경배하는 것이라고 생각하는 사람들이 있습니다. 신에 대한 경배가 바로 소외, 곧 인간의 본질적인 소외입니다. 소외는 이처럼 쉽게 이루어지며, 본래 인간 내부에 속한 것을 자신 이외의 존재인 신에게 투영시켜버립니다. 소외와 비슷한 상황이 헤겔의 철학에도 등장합니다. 헤겔이 제창한 '절대정신'은 매우 크고 추상적입니다. 그는 자연과 인간 모두 절대정신의 산물이며, 실재하는 피와 살의 형체는 볼 수 없다고 생각했습니다. 신이 창조한 자연이라는 신학적 관점을 합리적인 방식으로 보여주었지요. 절대정신은 사실 인간 정신이 외부에 투영된 데서 출발하는데, 절대정신이 인류를 창조하고 지배하면서 소외와 같은 상황을 낳았습니다."

포이어바흐는 청중들을 둘러보며 계속 반응을 살폈다.

"그럼 이런 소외를 어떻게 변화시킬 수 있을까요? 신에 대한 사랑을 인간에 대한 사랑으로 대체하면 종교를 '지양'할 수 있습니다. 만약 신만 사랑하고 더 이상 사람을 사랑하지 않는다면, 인간 세상의 모든 것에 점점 흥미를 잃을 것입니다. 반대로 진심으로 사람을 사랑한다면, 더 이상 헛되게 자신의 들끓는 피를 무한하고 대상이 없으며 현실과 대립되는 공허한 곳으로 증발시키지 않아도 됩니다. 사랑의 종교를 세우기 위해서는 신의 종교가 대체되어야 하며, 신학적 세계 질서에서 도덕적 세계 질서로 대체되어야 합니다. 인간은 신학자에서 인류학자로 바뀌어야 하며, 신자가 아닌 철학자가 되어야 합니다. 기도하는 자에서 노동하는 자가 되어야 하며, 저승을 기다리는 사람이 아닌 현세에서의 연구자가 되어야 합니다."

포이어바흐는 한결 홀가분해진 듯한 표정으로 손을 맞잡으며 말했다.

"자, 오늘 수업은 여기까지입니다. 내용이 너무 심오해서 잘 이해되지 않았다면 미안합니다. 처음부터 그럴 생각은 아니었는데. 하하. 그럼 다음에 또 만나요. 또 만날 기회가 있을지는 모르겠지만."

포이어바흐는 마지막 말을 남기고는 성큼성큼 교실 밖으로 나갔다. 교실에 잠시 정적이 흐르고, 얼마 후 약속이라도 한 듯 하나둘씩 빠져나갔다.

다들 방금 끝난 철학 수업에 대한 토론을 피하고 싶었던 걸까? 아니면 당장 그래야 할 필요성을 느끼지 못했던 걸까? 마지막 수업이지만 생각보다 평온해 보였다. 철학자 선생님들과의 만남은 평생에 잊지 못할 행운이었다. 연아는 이제 너무 많은 것을 바라며 살지 않겠다고 다짐했다. 이것만으로도 충분한 기적을 경험했으니까.

그리고 이것이 끝이 아님을 믿었다.

10대가 묻고 18명의 철학자가 답하는

살아 있는 철학 이야기

초   판 1쇄 발행 2014년 7월 10일
개정판 2쇄 발행 2015년 11월 20일

지은이 왕 팡 **옮긴이** 곽선미   **감수자** 강성률
펴낸이 김종길 **펴낸곳** 글담출판사

책임편집 홍다휘
편집 임현주 · 이경숙 · 이은지 · 안아람 · 박정란 | **디자인** 정현주 · 박경은
마케팅 박용철 · 임형준 | **홍보** 윤수연 | **관리** 김유리

출판등록 1998년 12월 30일 제7-186호
주소 (121-840)서울시 마포구 양화로 12길 8-6(서교동) 대흥빌딩 4층
전화 (02)998-7030 | **팩스** (02)998-7924
이메일 bookmaster@geuldam.com
블로그 http://blog.naver.com/geuldam4u
페이스북 http://www.facebook.com/geuldam4u

ISBN 978-89-92814-93-5 43100

이 도서의 국립중앙도서관 출판예정도서목록(CIP)은 서지정보유통지원시스템 홈페이지(http://seoji.nl.go.
kr)와 국가자료공동목록시스템(http://www.nl.go.kr/kolisnet)에서 이용하실 수 있습니다. (CIP제어번호:
CIP2015000826)

★★**글담출판**에서는 참신한 발상, 따뜻한 시선을 가진 기획 아이디어와 원고를 기다리고 있습니다. 작품
· 혹은 기획안을 이메일로 보내주시면 출간 가능성이 있는 작품은 개별 연락을 드립니다.